U0514549

图书在版编目（CIP）数据

多种流通所有制效率、竞争与政府规制研究／周珺
著 . —北京：经济科学出版社，2023.8
ISBN 978 - 7 - 5218 - 5119 - 9

Ⅰ. ①多⋯　Ⅱ. ①周⋯　Ⅲ. ①流通企业 - 政府管制 -
研究 - 中国　Ⅳ. ①F721

中国国家版本馆 CIP 数据核字（2023）第 172335 号

责任编辑：杜　鹏　常家凤
责任校对：王苗苗
责任印制：邱　天

多种流通所有制效率、竞争与政府规制研究

周　珺◎著

经济科学出版社出版、发行　新华书店经销
社址：北京市海淀区阜成路甲 28 号　邮编：100142
编辑部电话：010 - 88191441　发行部电话：010 - 88191522
网址：www. esp. com. cn
电子邮箱：esp_bj@ 163. com
天猫网店：经济科学出版社旗舰店
网址：http：//jjkxcbs. tmall. com
固安华明印业有限公司印装
710 × 1000　16 开　12. 25 印张　220000 字
2023 年 8 月第 1 版　2023 年 8 月第 1 次印刷
ISBN 978 - 7 - 5218 - 5119 - 9　定价：98. 00 元
（图书出现印装问题，本社负责调换。电话：010 - 88191545）
（版权所有　侵权必究　打击盗版　举报热线：010 - 88191661
QQ：2242791300　营销中心电话：010 - 88191537
电子邮箱：dbts@ esp. com. cn）

周　珺◎著

多种流通所有制
效率、竞争与政府规制研究

Research on Efficiency, Competition and Government Regulation of
Circulation Enterprises with Diversified Ownership Forms

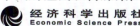

中国财经出版传媒集团
经济科学出版社
Economic Science Press

图书在版编目（CIP）数据

多种流通所有制效率、竞争与政府规制研究／周珺
著 . —北京：经济科学出版社，2023.8
ISBN 978 - 7 - 5218 - 5119 - 9

Ⅰ. ①多… Ⅱ. ①周… Ⅲ. ①流通企业 - 政府管制 -
研究 - 中国 Ⅳ. ①F721

中国国家版本馆 CIP 数据核字（2023）第 172335 号

责任编辑：杜 鹏 常家凤
责任校对：王苗苗
责任印制：邱 天

多种流通所有制效率、竞争与政府规制研究
周 珺◎著
经济科学出版社出版、发行 新华书店经销
社址：北京市海淀区阜成路甲 28 号 邮编：100142
编辑部电话：010 - 88191441 发行部电话：010 - 88191522
网址：www. esp. com. cn
电子邮箱：esp_bj@ 163. com
天猫网店：经济科学出版社旗舰店
网址：http://jjkxcbs. tmall. com
固安华明印业有限公司印装
710×1000 16 开 12. 25 印张 220000 字
2023 年 8 月第 1 版 2023 年 8 月第 1 次印刷
ISBN 978 - 7 - 5218 - 5119 - 9 定价：98. 00 元
（图书出现印装问题，本社负责调换。电话：010 - 88191545）
（版权所有 侵权必究 打击盗版 举报热线：010 - 88191661
QQ：2242791300 营销中心电话：010 - 88191537
电子邮箱：dbts@ esp. com. cn）

前　言

　　流通产业是国民经济中的基础性和先导性产业，随着社会主义市场经济体系的建立和流通体制的改革，我国流通领域的所有制结构发生了一系列渐进式的调整和变迁，目前已形成了多种经济成分并存的多元化所有制格局。改革开放后，作为最早实行"放开搞活"的领域，流通产业内民营经济得到了空前的活跃发展。自商业领域全面对外开放以来，外资流通企业大规模地以合资、并购或独资等方式进入我国国内流通市场并以较快的速度实现规模扩张。由此，在我国流通领域内形成了国有、民营和外资等多种所有制共同参与竞争的市场环境。《中华人民共和国国民经济和社会发展第十四个五年规划和2035年远景目标纲要》（以下简称"十四五"规划）进一步将健全现代流通体系作为扩大内需、畅通国内大循环的重要发力点，流通产业的所有制结构作为市场流通体系的一个重要节点，对于未来继续深化流通体制改革和健全现代流通体系具有重要的理论意义和现实意义。

　　尽管理论界对于流通领域各个层面的研究已取得了较为丰硕的成果，但较少有涉及对流通产业所有制结构的思考，对于流通所有制问题的探讨仍缺少一个框架性的研究。在开放、竞争、多元的市场背景下，本书在"企业—市场—政府"的框架中对多种所有制流通企业的效率、竞争以及政府规制等相关问题进行了深入研究——在阐述我国流通所有制结构与分布特征事实的基础上，基于行业层面数据分别利用财务指标和三阶段 DEA-Malmquist 模型对不同所有制流通企业进行效率测算和评价，在封闭和开放市场中依次构建多种流通所有制竞争与引入政府规制情形下的混合寡占竞争模型，由均衡结果得到一系列有意义的命题以及相应政策启示，并利用流通上市企业的微观数据对流通产业中市场竞争与政府规制的微观效应进行实证检验，以期为流通产业规制设计和产业政策制定提供一个基于多种所有制的理论框架。

本书的研究主要围绕以下七个方面展开。第一，结合我国流通产业的发展和所有制现状的选题背景下锁定流通所有制作为研究对象，并相应地提出具体问题，分别从理论和实践的角度阐述研究意义，在对本书所涉及的一些基本概念进行规范性界定的基础上，详细论述研究内容和可能的创新点。第二，通过对相关文献进行综述，梳理相关理论基础、研究方法以及与不同流通所有制相关的已有成果，将马克思主义政治经济学理论确定为本书的理论根基，同时借鉴西方经济学产业组织理论的思维脉络，对已有研究带来的启示和存在的空白进行相关评述。第三，在对流通所有制进行理论思辨的基础上，从流通产业所有制结构的历史演进对我国流通领域的所有制发展脉络进行相关阐述，并立足于当前的统计数据，刻画出目前流通产业内各个所有制类型的企业数量与规模分布、市场份额分布、资本构成分布等所有制分布现状，从历史观与现实发展的角度描绘出流通所有制结构和分布的特征事实。第四，利用主要财务指标和三阶段 DEA-Malmquist 模型对不同所有制流通企业的经济效益作出评价，在三阶段 DEA-Malmquist 模型中，利用类似随机前沿方法对投入变量进行调整以排除外部环境等因素的干扰，测算出 1999 ~ 2018 年批发业和零售业中不同所有制类型流通企业的超效率结果，并对效率比较、动态效率、地区特征等进行了详细探讨。第五，构建流通领域多种所有制竞争的混合寡占模型，在封闭经济条件下分别讨论本土流通产业内不同所有制主体之间的纵向竞争与横向竞争，随后在开放经济中引入政府规制，在规制机制既定和规制机制动态调节的两种情形下对国有、民营和外资流通企业的混合竞争模型进行探讨，并对均衡结果进行分析。第六，利用流通企业微观层面的数据对流通领域内市场竞争和政府规制的微观效应进行实证检验，分别探讨市场竞争强度和政府规制程度对流通企业微观绩效的影响，并进一步对所有制类型的调节作用、所有制异质性等效应进行讨论。第七，基于研究结论提出相对应的政策建议，并在此基础上指出不足之处与研究展望。

基于以上研究，本书得到以下七方面主要结论包括。第一，流通所有制形式和所有制结构问题的理论根基在于马克思主义政治经济学，并且流通作为连接生产与消费的媒介环节，其所有制形式将同时受到生产力与消费力的影响。第二，从历史演进和分布现状来看，我国流通产业的所有制结构随着市场经济体系的完善和流通体制改革经历了分阶段、渐进式、不断发展和逐步修正的曲折发展历程，目前已形成国有、民营和外资等多种经济成分并存的所有制分布。第三，流通领域国有经济的市场绩效总体表现较好或与民营经济的微观效率有趋同倾向，不应该盲目作出国有流通企业低效率或无效率的论断。第四，企业经营目标和流通管理效率的异质性是流通市场上不同所有制多元化并存、竞争和发展的前提。第五，国有流通企业作为不完全以自身经济利益为目标的异质性竞争者，在一定程度上可以发挥稳定市场供给、平抑物价水平、保障消费者福利、促进流通主体竞争效率等宏观职能。第六，在市场机制充分发挥作用的前提下，为应对流通产业过度市场化引致的市场失灵及政府在流通领域的职能缺失问题，本书认为在多种所有制共同竞争的市场环境中，可以考虑国有流通企业作为一种政府规制工具在流通领域发挥市场治理功能的可能性。第七，市场竞争和政府规制均会对流通企业经营产生非线性的微观效应，并且企业的所有制类型在其中扮演着极其重要的角色。

在研究结论的基础上，本书分别从市场层面、企业层面和政府层面提供了相关政策建议。从市场层面来说，对于流通领域多元化的所有制结构，同样应该着眼于规范竞争行为和公平竞争营商环境的塑造两方面，杜绝不同经济成分流通主体之间存在行政保护、局部垄断和"超国民待遇"的可能性，通过发挥市场机制作用与规范市场秩序相结合来把握流通领域的"开放"和"可控"并重。从企业层面来说，对于流通领域国有资产的战略调整，其目的不仅是为了厘清公有制流通经济在市场竞争中应发挥的职能作用，还应考虑改革国有流通企业经营方式的相关变革，坚持产权改革和经营体制改革"两条腿走路"是未来国有流通企业明晰市场定位及提高市场竞争力的必要途径。从政府层面来说，市场秩序和现代流通体系的建立和健全不能仅靠市场机制这只"看不见的手"的作用，还必须引入政府基于社会整体福利和公共利益对交易活动和流通运行实施有效规制，以弥补市场机制的不足和过去政府规制的"缺位"，同时，流通领域内的政府规制仅依靠传统的规制手段是不够的，仍需统筹考虑政府规制的改革与改进，结合市场机制的作用，通过完善规制方法来提升流通产业政府规制的有效性。

周　珺

2023 年 8 月

目　　录

第 1 章

引　言

1.1　研究背景与问题的提出

　　流通作为处于生产与消费之间的媒介环节，在促进生产、引导消费、推动经济高质量发展等方面的作用日益突出。流通同生产和消费一起对国民经济的运行具有同等重要的意义（纪宝成等，2017）。被视为市场秩序创造者的流通产业（Hollander，2002），是我国社会主义市场经济体系中的基础性和先导性产业，在产业链上发挥着反哺和带动作用（宋则，2006），能够协调国民经济产业体系的优化和发展。经过多年的流通体制改革，我国流通领域基本已形成多种经济成分、多种经营方式、多条流通渠道、力求减少流通环节"三多一少"的流通体制，其中多种经济成分并存体现了流通产业所有制结构的多元化格局。《中华人民共和国国民经济和社会发展第十四个五年规划和2035年远景目标纲要》（以下简称"十四五"规划）中进一步将健全现代流通体系作为扩大内需、畅通国内大循环的重要发力点[①]，由此，市场流通体系的构建和完善就必须上升到我国新发展格局中战略任务的高度（王晓东和谢莉娟，2020）。继续深化商品流通体制改革仍然是我国社会主义

---

　　① 中央人民政府. 中共中央关于制定国民经济和社会发展第十四个五年规划和二〇三五年远景目标的建议［EB/OL］.［2020 - 11 - 03］. http：//www. gov. cn/zhengce/2020 - 11/03/content _ 5556991. htm.

市场经济体制改革的一项重要内容。

在党的十八届三中全会上，党中央集中讨论了全面深化改革的若干重大问题，其中核心问题即政府和市场的关系，作出"使市场在资源配置中起决定性作用和更好发挥政府作用"的基本论断。[①]

在改革开放后，流通产业内民营经济得到了空前的活跃发展。自2004年商业领域全面对外开放以来，外资流通企业大规模地以合资、并购或独资等方式进入我国国内流通市场并以较快的速度实现规模扩张。由此，在我国流通领域内形成了国有、民营和外资等多种所有制共存并共同参与竞争的市场环境。

然而，对流通市场竞争与产业规制问题上的制度安排设计和理论创新常常滞后于流通实践的发展。一方面，低经济性进入壁垒使得流通产业的竞争性色彩颇为浓厚。另一方面，作为一个与民生密切相关的产业，流通不仅承担着社会商品的价值实现功能，还是满足用于劳动再生产的社会消费的必要环节，这一先导性、基础性作用赋予流通产业以一定的公益性（依绍华和廖斌，2014；依绍华，2014；马龙龙和陶婷婷，2016），使其在一定程度上和一定范围内具备公共产品的特征（宋则和王水平，2012）。这意味着流通产业从属性定位上看虽属竞争性产业，但在功能上，其在实现经济效益之外还应有社会宏观职能的考量。

国务院于2015年发布了《关于推进国内贸易流通现代化建设法治化营商环境的意见》，提出"规则健全、统一开放、竞争有序、监管有力、畅通高效"的流通体系和法治化营商环境是转换流通新动能和推进流通现代化的前提。[②] 这一目标的实现离不开学术界对商品流通理论和流通产业相关问题的研究。尽管流通经济理论随着人们对流通及流通产业认识的加深而得以不断发展、创新和完善，但总体而言，目前对流通领域所有制问题的研究尚属薄弱环节，仍有许多问题亟待我们进一步去探究。例如，通常讨论所有制或

---

① 中央人民政府. 中共中央关于全面深化改革若干重大问题的决定 [EB/OL]. [2013 – 11 – 15]. http: //www. gov. cn/jrzg/2013 – 11/15/content_2528179. htm.

② 国务院. 关于推进国内贸易流通现代化建设法治化营商环境的意见 [EB/OL]. [2015 – 08 – 28]. http: //www. gov. cn/zhengce/content/2015 – 08/28/content_10124. htm.

经济成分时往往特定地针对生产资料的所有制形式，那么流通领域是否存在所有制问题？经过多年的流通体制改革，如今流通领域内的所有制结构及分布格局如何？不同所有制流通企业的微观效率相对处于什么水平？多种流通所有制共同参与竞争将产生何种市场均衡结果，以及若引入对政府规制的考量，国有流通企业又将在其中扮演什么角色？国有流通企业是否能作为政府规制设计与实施的"着力点"履行流通市场秩序塑造的职能？流通领域内的市场竞争机制和政府规制机制分别会产生什么样的微观效应？在多元化的流通所有制格局中，政府设计与实施规制的基本政策思路将包括哪些？等等。

对于这些问题的思考需要我们从理论和实践的角度将流通所有制作为研究对象，在"企业—市场—政府"三位一体的框架下对不同所有制流通企业的效率、竞争和规制等相关问题进行深入研究。本书以马克思主义政治经济学作为理论根基，结合西方经济学产业组织理论的思维脉络，以流通所有制作为研究对象，运用规范研究与实证研究相结合、理论模型与经验研究相结合、静态分析与动态分析相结合等研究方法，探讨我国流通所有制结构与分布的特征事实，并在此基础上对不同所有制流通企业进行效率评价，同时构建关于多种流通所有制竞争与政府规制的数理模型，进一步地，对流通产业内市场竞争与政府规制的微观效应进行实证分析，最后，结合分析结果得出具有启发意义的结论，并针对多元化的流通所有制格局提出相关政策建议，以期为流通产业政策提供基于所有制的理论框架。

1.2　研究意义

1.2.1　理论意义

如前所述，我国商品流通领域经过多年的体制改革，通过国有企业改革、鼓励民营企业等非公有制经济的发展以及引入外资等一系列相关变革，建立起了与国民经济发展相适应的多种经济成分并存的所有制格局，改革开放以前由国有商业"一统天下"的流通所有制结构早已不复存在，所有制类型多元化的流通主体在商品市场共同参与竞争。流通所有制问题作为流通体系建设和流通产业研究中的重要内容，对于未来继续深化流通体制改革和健全现代流通体系有着重要意义。尽管理论界对于流通领域各个层面的研究已取得了较为丰硕的成果，但较少有涉及对流通产业所有制结构的思考，对于流通所有制问题的探讨仍缺少一个框架性的研究。本书拟在同时考虑市场机制和政府规制的双重语境下，讨论流通领域不同所有制市场主体的效率和竞争问题，这不仅是所有制理论研究的有益补充，还对于拓展流通理论的研究视角具有重要的理论意义。

一方面，所有制作为一切经济关系的基础，其内容和结构是全部经济活动赖以运转的前提。一直以来，我国社会主义市场经济体制改革的重要内容之一即为所有制改革。对于所有制理论的研究和拓展对社会主义经济理论的发展具有不容忽视的意义。目前对于所有制理论的研究主要集中在马克思所有制基础理论和国有企业改革相关理论两方面，尤其是对国有企业改革的讨论大多是不区分行业或主要针对生产领域国有企业的效率问题，对流通领域所有制结构问题或国有流通企业效率问题关注得相对较少。作为社会再生产过程中不可或缺的环节之一，商品流通领域的所有制问题同样值得被关注。基于马克思主义政治经济学，对流通所有制进行相关理论思辨、梳理改革开放以来我国流通领域的所有制结构演进以及厘清当前我国市场经济体系中的流通所有制分布等问题，不仅是对所有制理论研究的一大拓展，也是基于所有制的理论基础将流通经济理论与流通实践相结合的一种尝试。

另一方面，从本书的研究视角来看，已有文献对于流通产业的研究大多集中在产业结构和产业组织方面，或是将其与其他经济因素或其他产业关联在一起进行讨论，从流通产业中的所有制结构以及不同所有制流通企业竞争的角度对流通产业中所存在的问题进行反思的研究并不多。尽管已有不少研究从流通领域的国有资本职能、外资进入等不同层面分别对某一所有制类型的流通主体作了相应研究，但鲜有研究针对多种所有制并存的流通产业格局将不同所有制市场主体纳入统一的研究框架之中，对其效率评价、市场竞争等问题进行探讨，基于多种流通所有制的政府规制问题更是很少被关注。因此，本书在已有研究的基础上，试图在流通领域多种经济成分并存的背景下，对流通产业的所有制结构和不同所有制流通主体效率、竞争等相关议题进行深入研究，以为流通产业发展研究提供一个基于所有制结构的理论框架，在一定程度上丰富流通经济理论的研究视角和研究内容。

1.2.2 现实意义

从实践来看，随着改革的深入和社会主义市场经济体制的不断完善，我国流通产业的所有制结构经历了一系列渐进式的演进过程，未来也将在此基础上合乎逻辑地、创新性地继续发展下去。对于流通领域所有制问题的关注，不仅关乎未来我国商品流通体制继续深化改革的重点与方向，还是现代流通体系建立健全过程中不容忽视的一项重要内容。

改革开放后，我国流通领域由过去短缺经济条件下的严格管制转向了跳跃式的自由发展，在流通产业迅速扩容的同时各类流通主体数量也得以急剧增加。但与此同时，"重生产、轻流通"的思想在不同程度上仍然存在，使得对流通市场竞争与产业规制问题上的制度安排设计在一定程度上滞后于流通实践的发展，市场秩序不完善、市场竞争不规范、市场主体混乱等弊病开始不断显现。所有制结构作为市场流通体系中的一项重要内容，将其作为研究对象从微观层面和宏观层面共同探讨流通部门不同经济成分的效率、竞争和政府规制问题，将为制定具有针对性的流通产业政策提供重要的理论依据。在后疫情时代背景下，流通产业作为消费前沿行业所受到影响和冲击十分直观，其职能作用也日益凸显，其中既有线下实体商业部门的逆境支撑，也有线上各类业态的创新与发展；既体现了国有流通企业的责任担当，也反映出私有制流通领域的活力和生命力。如此流通格局的变化为未来社会经济各方各面以及流通产业的所有制演进方向带来了各种新的议题，对流通领域所有制问题的探究有利于厘清我国社会主义市场经济体系建设过程中不同经济成分的发展路径。本书在探讨我国流通所有制结构与分布的特征事实的基础上，对不同所有制流通企业从不同维度作出效率评价，同时构建了关于多种流通所有制竞争与政府规制的数理模型，并基于"企业—市场—政府"的统一框架对流通产业内市场竞争与政府规制的微观效应进行了实证检验,最后针对多种所有制并存的流通产业提出相关的规制建议。在市场竞争机制发挥有效作用的同时,使政府规制和政策制定在更加科学、高效、审慎的范围内发挥宏观调控作用,有助于多种所有制流通企业平等竞争、互为补充、相互促进、共同发展产业的形成,使整个流通体系在"开放"和"可控"的框架下良性运行。这不仅有利于推动流通产业的健康发展,还有利于维护整个流通体系的包容性格局,对于保证商品流通活而有序地适应商品生产发展和社会消费需求,具有重要的现实意义。

1.3 相关概念界定

1.3.1 流通与流通产业

在对流通产业进行界定之前,首先需要厘清商品流通的内涵。对于何为"流通",最早在古典政治经济学中涉及对分工和交换问题的相关阐释,但自主流西方经济学转向市场均衡的一般性研究后,"流通"的概念逐渐被淡化和抽象,通常从交换的实现等实用性视角侧面反映流通问题,缺乏一定的系统性和理论高度(任保平,2011)。本书认为,马克思和恩格斯的商品流通理论恰恰为这一问题提供了丰富的方法论。

在将生产和交换称作"经济曲线的横坐标和纵坐标"[①] 的基础上,马克思曾作如下表述:"流通本身只是交换的一定要素,或者也是从交换总体上看的交换"[②]。从这个角度来说,商品流通与社会再生产的四个要素有着密不可分的关联。对于社会再生产过程中生产、分配、交换与消费的四个要素,马克思将其划分为相互制约并相互影响的生产过程与流通过程。其中,流通过程即为社会劳动产品由生产领域到消费领域的运动过程与实现过程的统一,是商品在生产者与消费者之间的社会性和经济性转移。每一次具体的交

---

① 马克思,恩格斯. 马克思恩格斯选集(2版):第2卷 [M]. 北京:人民出版社,1995:489.
② 马克思,恩格斯. 马克思恩格斯选集(2版):第2卷 [M]. 北京:人民出版社,1995:16.

换活动是建立在社会分工之上，直接为了消费行为而进行的产品交换，所反映出的物质内容即不同劳动产品或使用价值的位置变换，而流通实则是由许许多多具体的交换所联结成的"运动长流"（徐从才，2012），也是商品交换过程连续进行的整体（纪宝成，2016）。从这个意义上来说，商品流通就是从总体上看的交换。随着社会生产力的发展，经济活动衍生出了以交换为目的的商品生产，货币的出现使得交换不再表现为手持商品的生产者之间的物物交换，而是在其中出现了手持货币的"第三者"（纪宝成，1993），这使得商品流通成为以货币为媒介的商品交换活动。货币媒介将商品流通划分为两个互相对立、互为补充的商品形态变化过程：W—G 和 G—W，这两个阶段包含着商品在商品形态与货币形态之间的形态变换，在不同时间、不同地点发生的商品的这些形态变化所组成的循环将彼此交错为"在……的无限错综的一团锁链"①。

社会主义市场经济条件下的流通过程有广义和狭义之分，广义的流通过程涵盖了以价值形式表现的社会再生产全过程，即不仅包括体现所有权转移和劳动产品换位的商品流通，还包括与生产过程统一的全部资本形态的运动过程。在这一层面上，马克思的资本循环、资本周转等社会总资本流通理论覆盖了货币资金运转的相关运动过程。宋则（2004）将由商品流通直接引起的以及与商品流通有关的、为流通活动服务的商流、物流、信息流和资金流都划定在了流通的内涵之内。丁俊发（2006）也认为流通是以上"四流"的总和。由此可见，广义的流通内涵所包含的经济内容十分广泛，实践中第三产业的绝大多数行业都处于此范畴之中，如此定义下流通产业的相关研究将过于宽泛而不利于我们聚焦研究对象及研究问题。

为了使研究对象更加确切，本书将在狭义的流通内涵上对流通产业的范围进行界定。狭义的流通即指商品流通，是实物类商品和服务类商品由生产领域向最终消费者转移的运动过程。由于与实物类商品相比，服务类商品具有其特殊规律性，因而不考虑纳入这一商品形式的流通，仅考虑实物类的商品流通。从狭义的角度，流通作为社会再生产活动中相对独立的一个环节，

---

① 马克思，恩格斯. 马克思恩格斯全集（中文 2 版）：第 31 卷 [M]. 北京：人民出版社，1998：488.

本质上是发挥媒介职能解决生产和消费在时空上的分离，体现为商流（所有权的转移）和物流（商品的物质位移）的统一。不少学者从这个层面将流通产业界定为专门从事商品流通的批发业和零售业（李飞等，2012），或是进一步拓展至"专门为商品流通服务"的产业外沿——运输业和仓储业（马龙龙，2009）。作为本书的主要研究对象，流通所有制问题中的流通内涵主要涉及的是媒介生产与消费的流通，因而我们将流通产业界定为由专门组织商流活动的市场主体所组成的企业集群，主要包括批发业与零售业。这也与中华人民共和国国家质量监督检验检疫总局和中国国家标准化管理委员会发布的《国民经济行业分类》（GB/T 4754—2017）中对流通产业的划定方式相一致。

1.3.2 流通产业的性质

1.3.2.1 流通产业的基础性与先导性

回顾中国市场经济的发展历程，学术界对于流通或流通业的认识经历了从"流通无用论""流通依附论"到"流通先导论""流通支柱论""流通基础论"的过程（黄国雄，2012），初步形成了当前基于中国特色社会主义市场经济的流通理论体系。在社会主义发展初期的计划经济体制下，计划调拨取代了市场上的商品自由交换，在这一市场仅发挥有限作用的背景下，"流通无用论"得到了一定的支持。"流通无用论"认为，在社会主义经济体制下，社会分工属于内部分工的范畴，因而并不需要商品流通作为经济运行的独立过程。这种观点一定程度上是基于以小农经济为主的自然经济，脱离了社会经济发展水平而否定商品经济的发展，是一种混淆技术分工和社会分工的错误理论。

随着经济体制改革的深化，越来越多的学者开始意识到商品流通在社会主义经济运行和发展中的重要性，这是因为社会再生产过程是生产过程和流通过程的统一。目前理论界已充分认识到流通业同时具备基础性和先导性的双重功能定位，这与流通领域的两种属性的劳动相呼应。从"劳动的物质规定性"① 来看，商品流通过程对生产和消费起中介联系作用的劳动可以分为两类。一类是流通领域的生产性劳动，即生产在流通领域的延续，这部分劳动"在一定程度上加入商品价值，使商品变贵"②，因而体现了流通业的基础产业特性；另一类纯粹流通劳动完成的则是其商业职能——媒介精确匹配生产和消费，从这一角度来说，流通处于社会再生产各环节的先导地位。

理论界早已指出流通对经济社会发展和国民经济运行中的基础性、关键性作用。对于商业时代中流通产业的基础产业地位，黄国雄（2005）从社会化、贡献率、就业比、关联度和不可替代性的角度分别论述了流通产业具有基础产业的全部特征。依绍华和郑斌斌（2020）认为，完善的现代流通体系是形成强大国内市场的必要前提，其在满足人民美好生活需要方面具有基础性作用。对于流通产业的先导性地位，依绍华和廖斌（2014）指出，流通产业作为沟通生产和消费的纽带，不仅承担商品价值实现的功能，还由于直接面对最终消费需求而起到了引导生产的作用，由此流通产业从社会经济运行中的末端行业跃升为先导性产业，基础性和先导性都是流通产业的产业功能定位。晏维龙（2009）曾提出，流通的先导性力量除了反映在其引导生产、消费以及经济运行的功能方面，还体现在分销渠道的控制权和主导权逐渐从上游的生产商向下游的流通商转移。高铁生（2011）则认为，应在价格形成、价格校正和政策传递方面让流通先行。王晓东等（2020）通过研究流通业效率对制造业绩效的影响，提出流通产业对于有效媒介供需匹配、调节上游生产以及反馈市场信息具有先导性作用。

2012 年，国务院在《关于深化流通体制改革加快流通产业发展的意见》③ 中首次对流通产业的功能定位作出概括，将其明确界定为"基础性和先导性产业"。国务院于 2014 年发布的《关于促进内贸流通健康发展的若干

---

① 马克思，恩格斯. 马克思恩格斯文集：第 8 卷［M］. 北京：人民出版社，2009：218.
② 马克思. 资本论：第 2 卷［M］. 北京：人民出版社，2004：156.
③ 国务院. 关于深化流通体制改革加快流通产业发展的意见［EB/OL］.［2012 - 08 - 07］. http：//www. gov. cn/zhengce/content/2012 - 08/07/content_1244. htm.

意见》① 再次对流通产业的基础性和先导性作用进行强调。2015 年，国务院在《关于推进国内贸易流通现代化建设法治化营商环境的意见》② 中进一步提到，流通领域对于国民经济的基础性支撑作用和先导性引领作用日益增强。由此，流通产业在我国社会主义市场经济体系中的基本定性和重要地位得以明确。

1.3.2.2　流通产业的竞争性

产业的竞争性通常是从其市场结构进行界定，竞争性往往与垄断性相对，产业组织理论从进入退出壁垒、产业的差异化、市场集中度、规模经济性等角度对产业的竞争性进行衡量（泰勒尔，1997），处于中间状态的市场结构则可认为是兼具竞争性和垄断性特征的混合性产业。竞争性产业的共同特点是经济外部性很低，能够通过有效的市场机制自发地形成竞争性价格。

以价格为信号，商品在供求规律和竞争规律的共同作用下实现自由流通，这是流通产业正常运行的基础。较早并且较为探索性、系统化地构建流通产业组织理论的国内学者是何大安（2007，2012，2014），他指出，对于流通产业竞争和垄断问题应与制造业中的一般情形区别探讨。从竞争角度来说，流通产业竞争在现象形态上与第一、第二产业并无差异。但与第一、第二产业相比，流通产业在竞争范围、手段和途径等方面存在其特殊性。基于流通产业的低经济性进入壁垒，大多数学者认为，流通产业总体而言偏向于竞争性行业（邹时荣，2006），有的学者在此基础上认为，其一般具有较为彻底的竞争性（杜丹清，2006），与此同时，也有学者指出，流通产业内的部分领域还可形成局部垄断（何大安，2012）。

作为商品流通机制的重要内容之一，一方面，流通竞争机制体现了一定的社会性，既存在于商品买者之间和商品买卖者之间，还有商品经营者之间的竞争（纪宝成，1993）。在流通产业内，不仅存在着由产业链延伸所带来

---

① 国务院. 关于促进内贸流通健康发展的若干意见 [EB/OL]. [2014 – 11 – 16]. http：//www. gov. cn/zhengce/content/2014 – 11/16/content_9207. htm.

② 国务院. 关于推进国内贸易流通现代化建设法治化营商环境的意见 [EB/OL]. [2015 – 08 – 28]. http：//www. gov. cn/zhengce/content/2015 – 08/28/content_10124. htm.

的上下游企业之间的纵向竞争，也包括某一行业内同类型企业之间的横向竞争。就具体实践来看，越来越多的流通企业通过大规模定制化生产向上游延伸，出现了一批"零售制造商"和"流通制造商"（谢莉娟，2015），与上游生产企业开展竞争；在消费者异质选择场景下，线上和线下零售企业基于空间竞争实现不同的市场均衡（Shi et al.，2019）；近期不少电商平台利用自身渠道和用户优势积极拓展和融合传统社区零售业务，在很大程度上冲击了传统的社区商业。这些领域的竞争从不同层面呈现了流通产业的竞争性。

另一方面，流通产业的某些领域中可能存在形成局部垄断的条件。第一，流通主导的产业链可能存在由排他性竞争和渠道势力所引致的竞争性生产与垄断性流通均衡（谢莉娟，2013）。第二，随着流通产业连锁化和组织化程度的提高，通过连锁经营而实现自身规模经济性的流通企业存在对其他业态形式形成垄断竞争的可能性（依绍华和廖斌，2014）。第三，"商圈"的特性使得在一定辐射半径内，规模较大的零售企业有相应较高的地理影响力，从而有可能形成一定区域内的局部垄断（何大安，2012）。第四，行政性垄断在流通领域主要体现为由市场封锁、国有产权、优惠性政策等带来的不公平竞争（毛伟，2009）。基于此，本书认为，流通产业的竞争性体现为竞争与局部垄断并存的市场结构，这也为流通领域的政府干预提供了必要性和可能性。

1.3.2.3 流通产业的公益性

流通产业的公益性与上述竞争性一同属于其属性定位，并且与其基础性和先导性的产业功能定位密切相关。随着经济发展水平和需求层次的提升，消费者对于社会公共产品和公共服务供给质量与供给层次的要求也越来越高，流通产业作为直接面向最终消费需求的领域，消费者对其社会功能的发挥也有着相应需求。目前，流通领域公共服务供给和公益性基础设施建设等方面存在的不足无法满足日益增长的需求，供需缺口或供需错配等问题仍然十分突出，流通产业的公益性属性值得业界与学术界持续关注。

"公益"顾名思义为"公共的利益"，常与"私益"相对立，在研究社会福利或资源配置问题时常与"公共产品"一同出现（奥斯特罗姆，

2012）。具有公益性质的行为或活动有利于社会福利的改善，最终将促使社会整体效益的提升。依绍华和廖斌（2014）立足于经济的外部性视角，分别从实现销售、满足需求、保障产业安全和优化营商环境四个方面对流通领域的公益性内涵进行了分析。从流通领域在集散商品、价格形成、信息反馈、降低交易成本、提高经济运行效率等方面所发挥的作用，不少学者对流通产业公共支撑体系（依绍华，2014）、流通领域公共产品供给（宋则和王水平，2012）、公益性流通基础设施（陈丽芬和王水平，2016）和农产品批发市场的公益性（徐柏园，2011）等角度对流通产业的公益性进行了不同层面的解读。

　　本书认为，作为基础性和先导性产业，流通产业兼具竞争性与公益性。首先，流通产业本身与保障国计民生有着密不可分的关联，只有通过批发商业和零售商业的媒介作用，劳动力再生产所必需的生活资料才能顺利到达消费领域，以支撑社会再生产的顺利进行。由此，居民生活需要的满足就离不开流通设施和流通产业社会功能的发挥，这在一定程度上决定了流通产业具有民生产业的性质及由此衍生的公益属性。其次，流通设施往往具有很强的外部性和低排他性，由于农产品批发市场、社区商业等具有较为明显的公共属性，服务边界常常超出了特定的商圈或社区范围，使得流通产业在营利性之外保有较强的公益性。最后，流通产业能够在服务消费者的同时，将市场需求信息及时、前瞻地反馈至生产部门，更好地引导生产活动和供需匹配，这也属于公益性流通职能的范畴，把握这一产业属性有利于政府在公共服务供给和市场调控等方面能力的提升。尽管在国有企业分类改革中，流通领域的国有企业并未被归并为公益类国企，但不置可否的是，流通行业确实因其基础性及先导性产业定位而呈现出一定的公益性特征。

1.4　研究框架与主要内容

　　本书将在"企业—市场—政府"的框架中对多种所有制流通企业的效率、竞争以及政府规制等相关问题进行深入研究。立足于马克思主义政治经济学的所有制理论和流通理论基础，借鉴西方主流经济学中产业组织理论的思维脉络，本书在阐述我国流通所有制结构与分布特征事实的基础上，基于行业层面数据对不同所有制流通企业进行效率评价，在封闭和开放市场中依次构建多种流通所有制竞争与引入政府规制情形下的混合寡占模型，并利用流通上市企业的微观数据对流通产业中市场竞争与政府规制的微观效应进行实证分析，为流通产业规制以及产业政策制定与实施提供所有制层面的一个理论框架。主要研究框架及各章节的逻辑关系如图 1.1 所示。

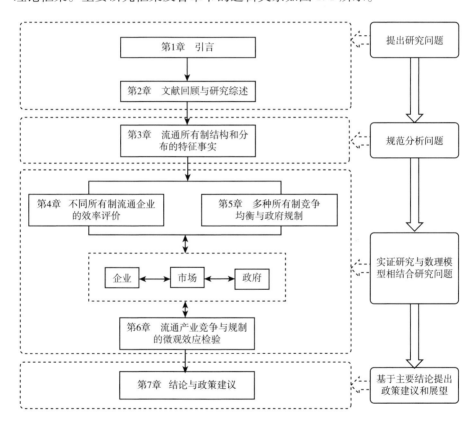

图 1.1　研究框架与逻辑结构

第 1 章是引言，主要是结合我国流通产业的发展和所有制现状的选题背景下锁定研究对象，并在此基础上提出所研究的具体问题，分别从理论与实践的角度阐述本书的理论意义和现实意义。为了接下来研究的严谨性，在引言部分我们还对所涉及的一些基本概念进行规范性的界定。同时对研究框架与主要内容、主要贡献与创新点进行了论述。

第 2 章是文献回顾与研究综述，旨在进一步对研究对象形成深入认识，并总结出已有文献在本书框架中的基石性作用。首先，回顾了产权与所有制理论、产业组织理论、政府规制理论等相关理论基础。其次，在此基础上，将基于产业组织理论的 R-SCP 思维框架对流通产业的相关文献进行综述，并分别从流通产业中的国有资本、民营经济和外资进入的角度梳理不同流通所有制的相关研究。由于本书所涉及的研究方法，无论是效率估计、数理模型还是实证检验，都已在各自已有的文献脉络中发展出了较为成熟的一套理论体系，因此，我们还将对应用到的研究方法及其可拓展的方法和方向进行评述。主要包括：关于效率评价的不同方法，以及混合寡占竞争模型这一研究所有制竞争的经典模型。

第 3 章是流通所有制结构和分布的特征事实。本章在对研究对象流通所有制进行基于马克思主义政治经济学的理论思辨的基础上，论述关于流通所有制结构和分布的特征事实。从历史观角度，从流通产业所有制结构的历史演进对我国流通领域的所有制发展脉络进行相关阐述，并立足于当前的统计数据，刻画出流通产业内各个所有制类型的企业数量与规模分布、市场份额分布、资本构成分布、上市流通企业所有制分布等经济成分的分布现状，试图结合历史与实践现实勾勒出流通所有制结构和分布特征事实的全貌。

第 4 章是不同所有制流通企业的效率评价。先从主要财务指标方面对批发业和零售业中不同经济成分的经济效益作出评价。与此同时，由于财务评价并不能全面、严谨地反映不同流通所有制的效率水平，基于 1999 ~ 2018 年批发业和零售业的统计数据，本书进一步运用三阶段 DEA-Malmquist 模型对流通领域内不同所有制类型的企业进行超效率评价，不仅会涉及投入产出的指标选取，还将利用类似随机前沿方法对投入变量进行调整，最终得到排除外部环境因素等的干扰的效率结果。在此基础上，针对流通所有制所表现出地区特征，本章还将测算和比较各省份以及不同行政区域之间不同所有制流通企业的效率水平。

第 5 章是多种所有制竞争均衡与政府规制。混合寡占竞争模型的基准模

型在封闭经济条件下分别讨论本土流通产业内不同所有制主体之间的纵向竞
争与横向竞争，根据均衡结果讨论国有流通企业的目标异质性和宏观职能的
发挥。随后将模型拓展至开放经济和引入政府规制的情形，分别在规制机制
既定和规制机制动态调节的两种情形下对国有、民营和外资流通企业的混合
竞争模型进行探讨，运用逆向归纳、均衡求解等方式推演流通产业内不同所
有制企业之间的策略互动，并基于均衡结果和数值模拟结果给出相应的政策
含义。

第 6 章是流通产业竞争与规制的微观效应检验。基于以上各章节的论
述，我们可以看出，对于流通领域所有制结构的形成和发展从宏观和微观层
面都离不开市场主体的效率、市场竞争机制和政府规制机制的共同作用。因
此，在第六章中，进一步在"企业—市场—政府"的框架下对流通领域内竞
争和规制的微观效应进行相关实证检验，利用上市流通企业微观层面的数
据，通过固定效应回归和工具变量的有限信息极大似然估计等计量方法，分
别探讨市场竞争强度和政府规制程度对流通企业微观绩效的影响，这里还将
涉及对所有制类型的调节作用、所有制异质性等效应的详尽讨论。

第 7 章是结论与政策建议。本章基于本书的主要内容和结论提供相对应
的政策建议，并在此基础上指出目前尚存在的不足之处和未来可进一步深入
拓展的研究方向。

1.5　主要贡献与创新点

本书的边际贡献及可能的创新点体现在以下三个方面。

第一，在选题和研究视角方面具有一定的创新性。在社会主义市场经济
体系的建设过程中，国内学者对于所有制改革问题主要集中在国家宏观经济
层面，或是聚焦于研究生产领域所有制与公司治理、市场绩效乃至经济增长
的关系（吴延兵，2012；刘瑞明，2013），然而，对于流通产业的所有制结
构、效率及其竞争状况却鲜有研究。这是因为以制度、市场结构、经济主体
为理论分析主线的西方主流经济学主要是针对第一、第二产业展开的，而属

于第三产业的流通领域不幸被排斥在外。但这却是一个值得探讨的问题，原因在于流通产业作为国民经济中的基础性和先导性产业，研究其所有制相关问题对于流通产业的发展乃至国民经济结构的优化具有重要意义。流通领域的所有制形式及其相关市场治理结构不仅影响流通厂商的个体行为和公司治理方式，还在市场层面引申出流通产业中的竞争和垄断命题（何大安，2014）。因此，本书将着眼于流通部门的多种经济成分，梳理我国流通所有制结构与分布的特征事实，并在此基础上测算与评价不同所有制流通企业的市场绩效，构建其在政府规制下的竞争模型以及通过实证分析探讨流通产业中竞争与规制的微观效应，试图填补这方面的文献空白。具体来说，在大多数学者研究所有制问题主要关注在制造业这一生产领域的背景下，正如马克思政治经济理论中所论述的流通在社会再生产中的重要地位，笔者希望结合和运用自身所学的马克思主义政治经济、商业经济学、流通经济理论、产业组织等理论知识将所有制及其市场竞争的理论研究嵌入流通产业的研究语境中。一方面，这是对以第一、第二产业为分析对象的产业组织研究范式的拓展，使得现代经济学分析框架进一步向第三产业中的流通领域拓展。另一方面，目前在流通产业中对不同流通所有制企业的市场监管、产业规制等政策制定都缺乏一定的理论支撑，流通体制改革和流通产业的发展都以泛市场化"放手"为主调，对流通所有制问题的研究越来越被忽视，本书立足于流通产业内的所有制效率与竞争问题来研究流通领域的市场结构与市场绩效，以期为流通产业的市场监管与产业规制提供"企业—市场—政府"理论框架内的实践解决方案。

第二，在研究方法方面有所拓展与丰富。过去研究对于流通产业的相关研究囿于数据的可得性与完整性常常以定性分析为主，或是采取某种单一的定量方法，对流通多种所有制并存的市场环境进行数理建模的研究更是比较少见。为了客观反映我国流通领域多种经济成分并存的现状和其他相关问题，本书采用了规范研究与实证研究相结合、理论模型与经验研究相结合、静态分析与动态分析相结合等研究方法。一方面，本书十分重视由统计数据及其相应的实证研究提供夯实的经验证据——借助批发业和零售业行业层面数据和上市流通企业层面数据对流通产业所有制演进及目前的分布情况进行了详细描绘，在此基础上利用财务指标和三阶段 DEA-Malmquist 模型所测算的效率值对不同所有制流通市场主体的微观绩效作出评价，最后对市场竞争机制强度和政府规制强度的微观效应基于企业面板数据进行了一系列实证检验。通过从多维度、多层次的统计数据、效率估计、计量检验得出相关结论符合流通产业所有制研究的广泛适用性，不仅使研究更加生动和富有说服力，还将进一步丰富流通产业相关问题的研究方法论。另一方面，本书对多种流通所有制竞争的市场格局进行了数理模型的构建以及相应的均衡求解，这一方法的运用从两方面拓展了已有文献中的模型假设：（1）关于不同所有制经济竞争的已有文献常常被限定在封闭经济下讨论（Matsumura and Matsushima，2004），很少将外资企业作为混合寡占竞争模型的主体。而本书将模型构建的内涵扩展至开放经济体系，在竞争模型中考虑外资流通企业的进入，由此讨论在开放经济条件下本土国有、民营以及外资流通企业共同参与竞争的情形，这一假设更贴近我国开放性和多元化的流通市场现实。（2）以往的研究通常在模型中仅引入参与竞争的不同所有制主体，并且大多是以实现"社会福利最大化"作为国有企业的目标函数，而本书拓展了多种所有制经济的一般性竞争假设，将设计规制机制及实施规制的政府纳入模型作为一个新的行为主体，在国有流通企业的目标函数中引入政府规制参数作为内生性规制政策工具的基础上，建立了一个包括政府、国有流通企业、民营流通企业和外资流通企业多方参与的策略互动模型。这一拓展更加贴近我国"多种所有制经济共同发展""政资分离，政企分开""深化国有企业改革，发展混合所有制经济"的新时代经济制度语境。

　　第三，本书不仅从正当竞争、公平竞争和有效竞争等角度探讨了对流通产业营商环境的相关规制，还创新性地提出国有流通企业作为一种规制工具的可能性。我们首先在封闭经济条件下讨论了不同所有制流通企业参与的纵向竞争和横向竞争，证明国有经济参与的多种流通所有制安排在一定程度上能够发挥宏观职能进而增进社会总体福利；在开放经济条件下，考虑将政府规制以规制参数的形式内嵌于国有流通企业的目标函数的情形，由均衡结果得到一系列有意义的命题，并由此论证国有流通企业作为一种政府规制工具在流通领域发挥市场治理功能的可能性——其混合目标能够部分地弥补纯私有制企业市场竞争中的固有不足，并且在承担社会责任的同时并不一定需要牺牲自身的微观经济利益。这一规制手段的提出丰富了在流通领域科学运用经济杠杆作为政府规制工具的政策含义，在社会流通运行中结合市场机制的作用，将流通产业的政策目标以市场信号的形式影响各个流通主体的经营决策，进而使流通产业发展朝着符合规制目标的方向运行，基于多种所有制层面强调了经济性规制工具在推行流通产业政策中的重要作用。

第 2 章

文献回顾与研究综述

2.1 相关理论基础

2.1.1 产权与所有制理论

产权的范畴在马克思主义政治经济学和西方经济学的产权理论中均有提及，但很多学者认为两个理论体系中对于产权的内涵界定并不相同，不能将两者混为一谈。

在西方主流经济学的产权理论中，对产权的讨论往往聚焦于现代企业制度中的产权问题。根据经典的科斯定理所论述，在交易成本为零的情形下，产权的明确界定是保障市场有效运行和实现资源配置的帕累托最优的前提，而这与产权的初始归属无关。巴泽尔（Barzel，1997）的产权理论进一步拓展来科斯定理，认为由于交易费用的存在，产权作为经济问题"永远不可能得到完全界定"，产权的界定是渐进且相对的，这也就意味着纯粹的私有制本身存在着固有的缺陷，未加界定的产权则被置于"公共领域"以公有制形式保障其供给。国内也有学者指出：正是由于现实中的市场机制无法满足交易成本为零的理论假设，才有了探讨如何弥补市场失灵和多元化产权安排的必要性（杨春学和杨新铭，2020）。

然而，照搬西方的产权理论导致理论界存在某些"泛私有化""所有制中性"的错误认知，不少学者对此予以深刻思辨。纪宝成（2004）认为，将"产权明晰"等同于"私有化"、将"私有产权"等同于"有效率"等观点在理论和实践上均存在致命缺陷。贺东伟（2011）否定了产权明晰问题仅局限于指向如何实现私有化，认为西方产权理论无法从根本上解决目前我国所面临的产权明晰问题，需要坚持以马克思产权理论来指导实际经济活动。方茜（2020）同样指出，尽管明晰的产权有助于激励的形成，但产权理论的重点是产权的归属界定问题，这一导向容易引发"私有化才是最明晰的产权"的误断。因此，我们认为，应当立足于马克思主义政治经济学角度看待产权和所有制问题。

丁任重（2004）总结了马克思关于产权和所有制的关系的深刻阐述：产权作为生产关系的法律表现是社会经济制度的重要内容，而所有制则是产权从法权形态到制度范畴的映射。马克思的所有制相关理论是从整个生产关系的角度去把握所有制的内涵，正如其所说："在每个历史时代中所有权是以各种不同的方式、在不同的社会关系下发展起来的。因此，给资产阶级的所有权下定义不外乎是把资本主义生产的全部社会关系描述一番。"① 从这个角度来说，所有制作为经济制度和社会属性的核心，体现的是一定生产力条件下全部生产关系的总和。于光远（1978）基于马克思对于所有制的相关论述，系统性地指出所有制是通过生产、交换、分配、消费各环节上人对物质要素的关系，来反映生产关系体系中人与人之间的关系。《政治经济学辞典》定义所有制为"生产资料归谁所有的制度，是人与人之间在占有和支配生产资料方面所形成的关系"。除生产资料所有制外，潘石（1987）还将劳动力所有制与消费资料所有制纳入了广义所有制内涵的范畴。林岗（1987）认为，所有制涵盖了劳动力和生产资料的各种结合形式。

所有制反映在经济运行实践中即形成了所有制结构。这是改革开放初期理论界对我国所有制问题进行讨论时所提出的一词，是从生产关系的总和来看的"社会经济结构"②。李泽中（1986）认为，一定的社会经济条件下，

① 马克思，恩格斯. 马克思恩格斯选集（2版）：第2卷［M］. 北京：人民出版社，1995：177.
② 马克思，恩格斯. 马克思恩格斯选集（2版）：第2卷［M］. 北京：人民出版社，1995：95.

不同经济成为表现出各自不同的作用和地位，因而所有制结构问题即多种经济成分的相互关系问题。纪宝成（1993）立足于经济成分的元素性，指出尽管国民经济中存在着多种经济成分，但元素性的经济类型均可分为两类四种：由国有经济和集体经济构成的社会主义公有制经济以及包含劳动者个体经济与雇佣劳动的资产者私有经济的社会主义条件下的私营经济。国务院研究室课题组（1994）从外部结构和内部结构两方面对所有制结构进行了阐释，认为所有制结构不仅包括不同所有制类型在整个经济体系中的相对比重，还涵盖其具体实现形式的内部结构。王子军（1995）提出，"公有制为主体""国有经济为主导"的表述分别涉及所有制结构的比重概念与作用概念。刘纯至和张悟益（1998）从横向上将我国所有制结构划分为国有、集体、个体、私营、混合和外资六种形式。

2.1.2　产业组织理论的拓展 SCP 范式

产业组织理论中传统的 SCP 分析范式是由哈佛学派提出的，该学派就市场结构（structure）——市场行为（conduct）——市场绩效（performance）提出了一套研究产业组织或产业经济议题的理论框架（Bain，1968）。在此范式中，市场结构反映影响竞争的一系列市场属性，直接对企业的竞争或经营决策等市场行为起决定性作用，继而影响反映经济运行的市场绩效的最终结果。这一范式在西方产业组织理论的研究中运用十分广泛（Scherer and Ross，1990）。

随着该理论被越来越多地用来分析中国产业的相关实践，不少国内学者基于中国的制度语境和产业特征对传统 SCP 范式的局限性和适用性提出了深刻见解（王冰和黄岱，2003）。目前较为主流的研究是将政府规制（regulation）的因素引入传统的 SCP 分析框架，提出了一个修正的 R-SCP 模型，用于反映政府干预或政策环境因素对经济运行所起到的决定性力量，R-SCP 框架的逻辑关系见图 2.1。

从逻辑图中可以看出，引入政府规制因素后，传统 SCP 分析范式中的市场结构、行为和绩效都将受到这一因素的影响（杨永忠和吴昊，2013）。同时，由于政府可能针对经济体系中的所有制结构进行间接规制，因而市场结构方面也将衍生出对所有权结构的考量。

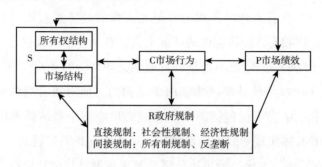

图 2.1 R-SCP 框架的逻辑关系

在政府实施规制的背景下，将主要依赖经济性规制或基于所有制的间接规制对市场结构和所有权结构产生决定性影响，并且可以通过合理的规制手段引导企业有机结合自身的经济行为和社会行为——同时关注企业经济效益目标和社会责任意识，在影响企业在价格、投资、产量等决策行为的基础上进一步对市场绩效产生直接或间接作用。而在规制放松以及市场结构主要依靠竞争机制内生形成时，政府规制的主要目标则是维护市场结构、行为和绩效在兼顾社会效益和经济效益的市场体系中正常运行并相互作用。其中，当市场结构出现垄断或市场行为出现合谋、操纵等不正当竞争时，政府将借助反垄断等规制手段对社会效益和经济效益失衡的市场结构和市场行为不断进行修正，进而引导产业的健康发展和社会整体福利的改善。与此同时，传统 SCP 分析范式中的各要素也会对政府规制产生反馈作用。政府可以通过对市场结构、市场行为和市场绩效的判断，了解到市场竞争是否处于有效竞争阶段、消费者剩余是否受到折损、社会福利是否实现最优等，并基于此对规制机制进行设计，进而采取相应的直接规制和间接规制措施。

这一拓展的 R-SCP 框架在国内学者对不同领域的产业组织问题进行研究时予以运用，包括物流业（张鹏，2007）、零售业（夏春玉和汪旭晖，2008）、电信业（刘广生和吴启亮，2011）、电力行业（范玉仙和袁晓玲，2016）等。产业组织理论的这一拓展范式为本书提供了"企业—市场—政府"的框架思路，认为在不完全竞争市场环境中，研究任何一个产业的市场结构和市场绩效等相关问题时不应割裂政府规制在其中所起到的作用。

2.1.3　有效竞争理论

在现代产业组织理论中"马歇尔冲突"反映了在企业参与市场竞争过程中存在的竞争效益与规模经济之间的"两难"矛盾，是西方经济学关注的核心问题之一。在竞争性市场中，过度竞争会损害企业的规模经济性，同时当企业规模扩张至一定限度后则有可能由于垄断隐患而损害市场竞争活力和竞争效益，进而阻碍经济资源的合理配置。美国经济学家克拉克（Clark，1940）率先在《有效竞争的概念》一文中提出了"有效竞争"的理论思想，认为有效竞争市场能够在动态协调规模和竞争之间矛盾的过程中促成长期均衡的市场竞争格局，用于描述竞争性市场兼容竞争效益和规模经济的一种理想状态。梅森（Mason，1957）进一步在此基础上以经济属性为主导提出了有效竞争的基准，讨论了适度竞争与适度规模的界限。索斯尼克（Sosnick，1958）通过评述过去市场有效性的主要学术观点，基于SCP的标准范式对有效竞争的衡量标准进行了补充。

不少国内学者也对此理论进行应用和拓展。翁华建（1999）立足于动态的市场过程指出不完全竞争市场本身往往无法提供有效竞争赖以生存的市场秩序，需要政府管制的介入以保证全局性综合利益。朱江（2003）提出有效竞争应是竞争效益整体上大于竞争成本的竞争格局，对于不同行业、不同市场结构、不同技术水平和不同管制程度，相应地存在不同的评价基准。杜丹清（2006）从市场集中度和进入壁垒的角度衡量市场竞争度，指出市场竞争与这两个指标之间存在着逆向关系。杨永忠和吴昊（2013）进一步考虑了市场行为可能产生的社会效应，将竞争效益、规模效益以及社会效益纳入同一经济维度，提出了具有一般意义的新有效竞争模型。如图 2.2 所示，传统有效竞争理论在适度竞争与适度规模兼容的双重维度上界定了有效竞争的边界——Q_1Q_1'代表竞争收益大于私人成本的适度竞争区域，Q_3Q_3'代表依据长期平均成本所划定的长期均衡中的适度规模区域，因此，Q_3Q_1' 即为传统有效竞争理论所界定的有效竞争区域。而在新有效竞争模型中，衡量社会总体效益的社会成本曲线被引入，此时竞争收益的有效区域由 Q_1Q_1' 变为 Q_2Q_2'，因而 Q_3Q_2' 成为新有效竞争区域，在此范围内的市场均衡数量将是基于竞争效益、规模效益和社会效益的综合权衡。这一理论属于产业组织理论对竞争基准在不同维度上的探讨，为竞争性产业构建高效率的市场结构提供了一定的理论思路，协调不同市场主体的利益需要借助政府产业规制政策的作用。

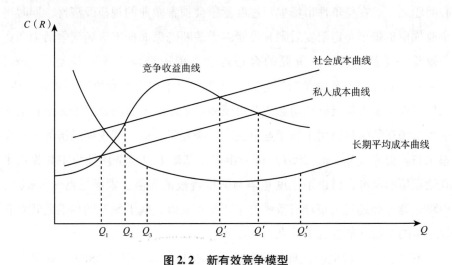

图 2.2　新有效竞争模型

2.1.4　政府规制相关理论

2.1.4.1　政府与市场的关系

西方经济学从古典经济学发展到新制度经济学，对市场秩序的认识从最初亚当·斯密（Smith，1776）认为市场的自发调节机制使得其可实现"放任自由"的状态，以及在此基础上发展起来的新古典经济学——主张以"价格机制"为中心的自由经济制度，发展到凯恩斯（Keynes，1936）需求管理学派所提出的"需要政府干预"的宏观经济理论，再到以科斯（Coase，1937）为代表的新制度经济学派则基于"产权""交易费用"对市场中的各类制度安排进行了讨论。不难看出，在西方经济学理论框架的整体发展中，各学派都对市场机制及其在经济社会发展中所起的作用给予了极大的肯定，认为市场在社会资源配置方面能够天然、高效地发挥作用。其中，古典和新古典经济学家认为市场的供求态势在市场经济条件下能够自发地形成均衡价格，从而引导社会资源在不同部门之间自由流动，由此实现的资源配置效率将是帕累托最优的情形。凯恩斯主义所倡导的政府干预在当今世界基本上已达成共识，区别仅在于各国政府在运用宏观调控手段时的作用范围和方式方法会由于国情和经济发展差异而有所不同。但值得注意的是，这一宏观经济理论的提出并不是对"自由放任"市场经济的全盘否定，而是主张以适度的政府干预来保障市场机制的有序运行。新制度经济学进一步将新古典经济学"市场机制"的单一制度拓展为涵盖企业和市场的双重制度体系，其中心思想依然是市场在产权明晰的基础上能够自主地达到均衡状态，此时并不需要政府"出手"对经济施加干预。

对于市场及其运行的规律性，我们也能从马克思（1859）政治经济学理论体系中窥见其深刻见解。在《资本论》第三卷中，马克思对商品经济条件下的经济规律展开讨论。以价值规律为核心，在商品的供求规律、市场竞争规律、货币流通规律和平均利润率规律等规律的共同作用下，市场能够通过其特有的调节方式使价值和使用价值经过一系列特殊的运动过程最终完成产品的市场实现。可见，无论是西方经济学还是马克思主义政治经济学，都对市场机制在资源配置方面的内在激励作用予以了肯定。

随着人们逐渐意识到完全竞争市场的理想化假设与现实经济活动之间存在着巨大鸿沟，市场配置资源的最优效率往往无法实现，会由于经济的外部性、公共品、垄断市场势力、信息不充分等因素存在市场调节机制的内在局限性，从而导致所谓的"市场失灵"。这时政府借助政策手段对某一产业实施规制或对经济施加干预成为必要。此时经济学就将市场与政府分别形容为"看不见的手"与"看得见的手"，关于这两者的理论纷争即主要集中于自由竞争与政府干预的政策偏向方面。

本书认为，政府和市场的关系应当是互为补充，发挥两者的合力作用能够促进经济的协调发展。《求是》也曾刊文提到市场在资源配置中起决定性作用和更好发挥政府作用体现的是"有效市场"和"有为政府"的统一性（秋石，2018）。政府"有为"并非是对价格、竞争和供求机制的人为扭曲，也不等同于对市场上某一领域、某一产业或某一类主体实施某种政策性保护，而是在维护市场机制的配置资源作用以及弥补市场失灵的基础上，通过制度机制的设计和合理的规制手段等对市场机制的作用进行完善和补充。本书同样也立足于政府和市场的统一性。

2.1.4.2 政府规制

"规制"一词译自日本，植草益（1992）按形式将规制分为"公的规制"和"私的规制"，仅有前者属于经济学的研究范畴，包含"按照规则的管理或约束"之意（朱绍文，1992）。在国内研究中，常常与"管制""监管"等词互通（张群群，1999），其中"监管"一词则在管理实践中更为常用。经济学中对政府规制理论的研究最早起源于公用事业（Public Utility）中"为产业所需并按其利益设计并运行的国家权力"（Kahn，1970；Stigler，1971）。在国内的经济学理论体系中，规制主要是指政府为防止企业作出不充分重视社会利益的私人决策，所采取的改变或控制企业经营决策的各种行为（朱光磊和孙涛，2005）。一般来看，市场失灵的存在可能会对社会公共利益不利，因此，政府规制设计与实施的逻辑起点即为：规制有可能促进社会福利的提升。

按照是否直接介入经济主体决策，政府规制可划分为直接规制和间接规制两类，其间接规制不是直接介入经济主体的决策，而是以引导竞争秩序或市场机制的有效运作为目的。规制还可以被分为经济性规制与社会性规制两类，其中经济性规制通常是针对自然垄断或存在信息不对称的产业，通过经济手段对企业的价格、进入与退出、产品和服务质量等展开的规制；社会性规制则主要聚焦于对经济外部性的约束（何敦煌，2001）。

除此之外，一些学者还关注到基于所有权或所有制的政府规制。汤吉军和刘仲仪（2016）指出，在市场失灵与国有企业失灵共存的背景下，需要充分发挥政府规制的作用。一方面，有些学者认为这种规制行为可能会损害企业的商业价值。例如，布鲁克斯（Brooks，1987）以加拿大发展投资公司为例，对国有控股的混合所有制企业进行了案例研究，发现政府往往利用国有资产的所有权使这些企业充当公共政策工具，执行政府的政策偏向而不顾企业商业价值的流失。另一方面，一部分学者从国有企业在特定情况下所具有的信息优势角度，指出所有权可以作为政府规制的一种有效工具。有研究认为，在信息不对称的情形下，即便国有企业存在效率劣势，其作为一种规制工具能够掌握更为充分的信息，在监督企业行为与社会目标相一致中发挥重要作用，因此，利用所有权行使政府规制职能并不必然比其他规制手段更低效（Shapiro and Willig，1999）。

这里需要指出的是，与市场失灵类似，在政府规制或政策决策的过程中同样存在"失灵"的情形，即"政府失灵"。这一概念在公共选择理论中经常出现，意在指出政府部门的行为由于存在过剩和短缺所导致的效率损失或资源错配，曾有文献从公共产品、收入再分配、利益集团、官僚机构和财政幻觉五个角度详细论述了政府失灵的一般表现（Buchanan and Tollison，1972）。这在经济领域中具体体现为市场秩序管理真空的政府"缺位"行为以及干预市场机制正常发挥作用的政府"越位"行为，此外，由于政策偏颇和决策失误所造成的负面经济影响也属于政府失灵的范畴。由于后续对政府规制的探讨将聚焦于政府在流通领域"应当做什么"以及兼论政府"应如何发挥其应有职能"，涉及公共管理领域的公共效率约束或政府改革评价并不在本书的重点研究范围内，但政府效率和政策效果的相关逻辑思路将贯穿本书对规制机制设计与实施的全部论述过程之中。

2.2　基于 R-SCP 范式的流通产业相关文献综述

由于本书涉及流通领域不同所有制竞争中微观企业视角的竞争能力和中观产业视角的竞争结果两方面，所以我们可以进一步借助上述产业组织理论拓展的 SCP 分析范式对相关理论进行总览式综述。尽管这种范式主要是以第一产业和第二产业为分析对象的，但结合流通产业的特征以及已有文献的相关拓展，这种范式有助于我们运用现代经济学思维探讨本书的主题。因此，在这一部分，本书将按市场结构、市场行为、市场绩效和政府规制的逻辑链条对相关文献进行梳理。

2.2.1　市场结构

先是关于市场结构中流通产业的竞争与垄断问题的探讨。一方面，由于流通领域中的资金和技术进入壁垒相对较低，部分学者认为，该领域具有较为彻底的竞争性或并不存在垄断。例如，李颖灏和彭星间（2006）通过对零售行业市场集中度（CR4 和 CR8）的研究，得出结论认为零售业的集中度极低，呈现原子型的产业结构。从流通网络的角度，李智（2012）提出流通产业兼容不同业态连锁的多重网络，这使得其很难形成自然垄断和基于垄断的进入壁垒。另一方面，随着我国流通产业中外资进入和国有控股比重的日益增长，越来越多的学者开始研究移动流通领域形成局部垄断的可能性，并认为其潜在的垄断形式也与制造业中的生产性垄断大相径庭（何大安，2007）。这种"市场竞争中的局部垄断"被学者们认为来源于两种垄断权力的相容或叠加——由政府规制所引起的行政垄断和由于外部性、外资优势以及先进的管理技术等非人为因素所带来的自然垄断。毛伟（2009）则在此基础上补充了存在于流通领域的其他垄断形式，包括地方性行政垄断、资源垄断以及生产垄断与流通垄断的混合。

从流通实践来看，朱涛（2005）指出自加入世界贸易组织以来，我国零售业对外资全面开放后，外资零售的大量涌入加剧了国内零售市场的竞争，已呈现出过度竞争态势。从连锁经营协会发布的"中国连锁零售百强"榜单中也可以看出，我国连锁零售行业集中度并不高。这意味着作为首先对外资开放的流通部门，零售业处于相对竞争性的市场环境中。然而，一旦纳入批发业等其他流通主体，则显示我国流通业在部分行业或部分区域已表现出一定的寡占型市场结构。尽管产业集中度指标无法精确衡量市场结构中的竞争程度，但可大致指明我国流通产业不再处于完全竞争的市场结构之中，而是在一定程度上局部地表现出垄断的倾向。尤其是在经济体量较大的地区和新兴业态中，集中趋势更为明显。夏春玉和汪旭晖（2008）对我国零售业 30 年的变迁进行回顾，发现其集中度呈不断上升趋势，已逐渐由近似完全竞争转向垄断竞争的市场结构。从上述文献及产业现状来看，将流通产业归为"竞争性领域"的划分方式应当被重新思考。

2.2.2　市场行为

流通企业的市场行为围绕着"为卖而买"的商品买卖行为展开，根据不同类型的售卖行为，纪宝成（1993）将其总结为利润导向型、价格导向型和供求导向型，并认为欺行霸市、商业欺诈、恶意竞争等不规范的商业行为将损害流通领域的市场进出秩序、交易秩序以及竞争秩序（纪宝成，2016）。

除了以竞争策略为主的企业决策行为，相关的市场行为还将涉及公司治理的制度安排，如产权界定、所有制划分以及混合所有制的实际控制权争夺等。从市场或准市场操作层面来说，流通企业的竞争行为与其他产业的商业性企业基本一致，除此之外，网点选址、发展自有品牌、建立现代物流体系等是流通商特有的竞争范畴，如今以大数据为主的数字技术革命更是成为各类流通企业的重要战略资源（齐严等，2017）。无论企业具体的竞争策略如何，都可将其抽象为追求微观效率或宏观职能的目标函数（Fraja and Delbono，1989；Hamada，2016）。产权及所有制的制度安排确定后，混合所有制企业还将面临内部化的行为选择，如实际控制权的争夺。郝云宏和汪茜（2015）基于"鄂武商控制权之争"的案例，分析了国有控股流通企业中的民营参股对国有控股的股权制衡问题，并认为这是符合效率原则的市场化行为。

2.2.3　市场绩效

通过对国有企业和民营企业绩效的实证比较，不同学者得出的结论存在分歧。例如，戈尔登等（Goldeng et al.，2010）以资产回报率以及与销售收入的相对成本作为绩效指标考察挪威所有的在册企业，发现即使竞争效应能够正向促进国有企业管理者的学习效应，民营企业的市场绩效仍优于国有企业。刘瑞明（2013）通过对中国国有企业效率的相关文献进行综述，发现尽管国有企业的效率经过多年改革后有一定提升，但是与其他产权结构相比，其在企业价值、全要素生产率、技术效率等方面都表现出相对劣势。另外，日本学者滨田宏一（Hamada, 2016）在斯塔克伯格模型中反思了国有企业私有化的问题，指出无论国有企业在竞争时序中处于领导者还是追随者的地位，私有化都会在一定程度上拉低企业的市场绩效。上述文献大多是基于全行业论述，定位于流通企业的不同所有制绩效差异的文献并不多。

有学者对瑞典的电力零售系统进行基于多元投入—产出的效率测算，发现不同所有制组织之间并不存在显著的效率差异（Hjalmarsson and Veiderpass, 1992）。孙敬水和章迪平（2010）指出，我国流通产业所有制结构依次经历了强制性变迁（新中国成立初期由政府主导的以国有经济占主导地位的人为设计）和诱致性变迁（改革开放后由政府引导的以个体经济占主导地位的自发演进）两次制度变迁，作者利用1980～2000年的流通产业数据构建状态空间模型，发现多种经济成分并存的流通业所有制结构变动对流通业增长的边际影响整体上呈上升趋势，并且不同经济成分的流通业所有制结构市场绩效存在较大差异，其中以民营企业和股份有限公司的微观经济效率更为突出。林键等（2012）基于动态竞争理论对广州不同阶段国有和外资零售企业经营绩效的动态变化进行分析，发现国有零售企业在政府引导下以并购重组、扩张开店等方式进行多种所有制整合，但其经营绩效并未显著提升；反观外资零售商，其在克服制度性市场准入壁垒后通过与本土市场主体的有效整合，绩效在逐年提高。近几年，一些文献关注到流通领域中国有经济成分的企业微观效率实际上并不低。王晓东和丛颖睿（2016）通过对流通产业中国有资本的效率测算得出，所有制改革显著提高了国有资本运行效率，零售业国有资本经济效率长期被低估，因此，"国有资本无效率论"以及"国有资本完全退出流通领域"的观点均不成立，政府应进一步推进流通业所有制改革，以进一步提高国有商业企业的绩效。谢莉娟和王诗桪（2016）通过效率测算发现，国有资本的效率优势在流通业领域相比在工业领域表现得更为明显，而批发业中国有资本的高占比与高效率并存的现象尤其值得关注，因而国有资本的进退决策需要结合行业特征进行审慎权衡。王晓东和谢莉娟（2018）指出，国有资本在批发业和零售业中的效率表现并不相同。谢莉娟和王诗桪

（2018）通过对工业和流通业的比较实证分析发现，流通领域的国有企业具有减缓重资产不利影响的作用。

2.2.4　政府规制

由于我国流通产业内存在着信息不对称、不正当竞争、局部垄断以及由过度进入而导致的低效、无序竞争等现象，政府为了规范流通企业的市场行为、维护公平竞争的市场环境、提高消费者剩余和流通领域内的资源配置效率，依据相关法律法规，对流通产业及其市场主体进行了一系列相应规制。社会主义市场调控是市场机制运行和社会基本价值观念相结合的具象结果，其功能性目标往往体现在竞争有效、主体健全、市场稳定、结构改善和产业安全等方面（黄法莉，1994）。因此，作为市场中宏观调控所作用的重要一环，对流通环节的市场监管和规制通常与流通主体之间的市场竞争及其所带来的竞争结果相联系。

马彦丽（2002）认为，我国流通产业内存在过度竞争及缺乏有竞争力的大型流通企业的问题，这使得流通业的健康发展需要合理的政府规制为依托。程艳（2006）认为，在传统的流通经济理论中，流通产业被视为纯竞争性产业从而无须政府干预的论断有失偏颇，而是应结合实际对其实施适度的政府规制。徐从才（2012）指出，流通领域的规制在不同时期有不同的侧重点和表现形式，应通过不断的规制改革来实现流通规制的目标。在开放型经济条件下，杜丹清（2003）指出，我国各级政府主管部门对流通业的规制过于放松，几乎一放到底，尤其是进入性规制政策基本失效，在此基础上，杜丹清（2006）进一步提出应通过政府规制措施的合理引导，快速提升流通产业的竞争力。何大安（2012）将我流通产业的市场组织结构表述为"充分竞争和局部垄断并存"，提出流通产业出现垄断的可能性，这要求政府重新思考对流通产业运行格局的规制。高铁生（2014）认为，随着流通体制的不断完善，政府有可能也有必要放弃其在市场调节中的主导地位，但这并不意味政府要退出流通领域。

此外，政府规制的外生性常常遭受质疑，芝加哥学派的规制俘获理论认为，在政府规制不当或规制失灵时，市场主体有可能会"俘获"政府规制部门，使规制成为自己限制竞争、赚取超额利润或租金的"保护伞"（Stigler，1971），这种由行政权力分布而引致的政府俘获弊病不但损害消费者利益，同时也抑制经济发展的活力（于左，2013）。但是基于奥尔森集体行动的"多数劣势"理论，方福前（2000）认为，由于在国内本土零售"集团"内存在大量的中小零售企业，每个零售商都想"搭便车"获取政府规制的收益而不愿付出额外的寻租成本，从而避免设计规章制度的政府"被俘获"或者"异化"。这一解释为流通产业政府规制行为的外生性提供了理论支撑。

2.3　不同流通所有制相关文献综述

2.3.1　流通产业中国有资本的职能与效率

对于多种所有制竞争中国有资本的功能和效率的讨论，主要集中在对"国有企业的社会目标与经济目标之间是否存在根本性冲突？"这一问题的研究，无论在冲突来源（吴延兵，2012）、冲突类型（徐丹丹等，2018）还是冲突结果（Ino and Matsumura，2010）及改进机制（黄速建等，2018）等方面都已有大量的研究成果。二元目标的冲突在企业的内部治理结构上具体可体现为委托代理问题——在国有企业的制度安排上，企业的经营业绩，尤其是长期绩效，与实际经营者的职位安排几乎没有任何关系，这意味着这种所有权制度对经营者的有效经营缺乏长期激励（袁江天和张维，2006）。这种冲突及矛盾将直接对国有企业的市场绩效产生影响。平新乔等（2003）通过模型估计发现，代理成本使得国有企业效率只达到了 30% ~ 40%。姚洋（1998）将我国改革开放过程中非国有经济成分对工业企业技术效率的影响分为内部和外部两方面的效应，认为国有企业运行机制的改变、市场竞争的加剧和外资进入带来的技术扩散同时促进了我国工业企业技术效率的提升。刘小玄（2000）利用 20 世纪 90 年代工业企业普查数据对具有竞争性特点的工业企业进行了效率测度，得出国有企业效率最低的结论，并认为市场经济条件下以效率为导向的竞争和选择机制必然会导致国有企业与非国有企业的效率趋同性。刘元春（2001）的经典文献则提出国有企业在宏观绩效与微观绩效之间的"效率悖论"，认为从财务指标来看国有企业是非效率的，而从全要素生产率来看却是有效率的。纪宝成（2004）指出，国有经济的效率本质无法仅通过新古典的效率标准来把握，也应当考察其外部经济所反映的宏观经济效率。谢莉娟等（2016）基于产业链视角，指出充分竞争行业中的国有企业可以通过控制产业链上主营业务环节并内部化核心资源来增强纵向合作能力，进而提升自身的竞争效率。以上是已有研究对国有资本的功能和效率不划分行业所得出的相关结论，对于流通领域范围内国有资本的相关研究并不是很多。

　　如前所述，流通产业具有竞争性和公益性双重属性，国有流通企业在参与市场竞争的同时还在不同程度上履行着自身的宏观职能。过去大多数从事流通经济研究的学者认为，国有企业应在多种经济成分并存的流通所有制结构中占主导地位。例如，纪宝成（1992）指出，大规模集散商品的批发环节及重要商品的流通规划中，应主要由国有商业或国有经济控股的股份制商业来承担。贾履让和药建英（1992）基于生产关系一定要适应生产力性质这一客观规律以及生产的性质决定流通的性质这一马克思政治经济学原理，提出在商品流通领域必须要坚持以国营商业为主导。针对流通领域国有企业的社会目标与经济目标，不少学者从国有流通企业的宏观职能和微观效率双重维度针对这一命题加以讨论。龚晓菊（2008）指出，国有经济在竞争性领域逐渐退出的同时，对关系国计民生的领域要进一步加强，无论是从历史还是从现实的角度，流通领域都需要保留国有经济，并发挥其主导作用，这种主导作用更多地体现在其调控和引导能力。李智（2012）认为，国有流通体系在区分自身的商业性功能和政策性功能的前提下，可以发挥在流通领域推进国家产业和市场政策、执行国家利益导向的作用。基于国有流通企业"超市发"的案例研究，王晓东等（2020）提出了"国有体制＋民营机制"的流通效率实现模式，认为产权民营化对国有流通企业并非必须，良好的政企关系和优秀的国有企业家才能才是国有流通企业兼顾宏观职能和微观效率的关键。

从流通产业中国有资本的角度，谢莉娟和王晓东（2016）基于多案例研究方法对国有批发企业的宏观职能和微观效率进行了诠释，在中国本土制度情景与竞争性条件下从宏观与微观两个角度刻画了流通领域国有资本的生存依据。在此基础上，王晓东和谢莉娟（2018）从生产和流通这两个社会再生产的视角考察了国有资本在生产领域和商品流通领域的异质性，国有批发企业在追求经济利益的同时还承担着一定的"超经济职能"，并指出国有企业的"分类"改革思路同样适宜于具有功能属性差异的国有流通企业，国有批发企业的效率提升应当关注宏观职能和微观效率的双重维度及其互动关系。陈丽芬和王水平（2016）认为，国有资本占比小是我国流通产业不能很好地发挥公益性功能的主要原因，基于"北京农产品中央批发市场"的案例提出了由国有企业主导公益性流通设施供给的相关政策建议。除此之外，流通领域中还存在着一种与国有资本相关的独具中国特色的合作经济组织——供销合作社。纪宝成（2014，2017）对其经济属性和组织化特征谈了几点理论认识，认为我国供销合作社的所有制界定可以是介于"全民"和"集体"之间的一种特殊的社会主义公有制形式，以农民股金作为原始积累，通过组织化衔接形成代表"集体"利益联结，在此基础上国家代表所有权的管理者来保障其全局战略和宏观职能。

2.3.2 流通产业的产权制度改革与民营经济发展

在国有商业改制及外资商业进入的背景下，2004年"现代产权制度改革"研讨会上，多位学者就流通企业产权界定与所有制划分等问题进行了集中讨论。其中，一些学者指出，在多种所有制并存的背景下，对流通企业进行产权界定具有现实意义。这是因为外国投资和民间投资的多种形式（包括债权投资、股权投资等）介入加快了流通产业多元投资主体的形成，明晰的产权界定可以帮助多种经济成分的流通商减少契约中的不确定性和交易风险，从而降低其商业经营风险并提高投资主体的市场回报（姚鸿飞和周晓丰，2004）。张弘（2004）指出，当流通企业的国有资本因低效率而面临退出行为选择时，国有资本在竞争性领域的低效率会造成资源配置上的机会成本和社会福利的折损，体制内的主动退出是其最佳退出路径，包括出售、并购、股份制改造等。自 20 世纪 90 年代以来，我国大多数国有流通企业完成了以股权多元化为目标的国有企业股份制和公司化的产权体制改革，混合所有制已经成为国有控股流通企业主要的所有权形式。

除了国有流通企业的产权制度改革或民营化改制外，不少学者还对流通领域民营经济的变迁与发展做了相应研究。程红和吴利军（1996）指出，流通领域的有机构成低使得其成为民间资本最易进入的投资领域，这一特点决定了民营经济是流通行业的主要经济形式之一。沈卫平（2006）从中国连锁电器巨头"苏宁电器"崛起的角度，解读了民营流通企业在市场竞争中应当注重企业家才能的发挥。江苏省商务厅针对江苏省流通产业中民营经济的发展情况作出报告，指出民营流通企业在流通模式创新和现代化、连锁化经营方面取得了长足的进步。章迪平（2017）对浙江省流通产业进行实证研究发现，由于流通领域对投资规模等方面的要求较小，对个体经营者的吸引力往往较大，改革开放以来当地个体经济在社会商品零售总额中的比重逐年快速提升。宋则（2014）指出，建立现代企业制度和促进中小微企业管理体制改革是非国有商贸企业产权制度改革的重点。

2.3.3　外资进入与流通产业安全

我国改革开放以来市场经济发展的重要特点之一是外国所有制经济参与国内市场竞争，并与本土多种经济成分一同成为当前多种所有制经济的重要组成部分。

国际贸易理论认为，外资进入或外国直接投资（FDI）的驱动力之一是产品生命周期（Vernon，1968），当外资厂商在外国市场的产品步入成熟期，就需要面对在本国市场即将失去技术垄断优势的挑战，此时，出于延长产品生命周期的考虑，以追求利润最大化为目标的外资厂商往往会凭借已有的技术优势进入他国新兴市场参与本土竞争。由于外资企业通常具备较为明显的成本效率优势，因此，对后发国家的欠发达产业而言，外资进入效应存在两种逻辑上的可能。一方面，落后的本国产业会由于外资成熟技术的引入或技术转让而实现技术的更新换代，竞争的加剧也有助于刺激本土企业的技术创新（Ronald，1978；Koizumi and Kopecky，1980）；另一方面，由于国内企业处于竞争劣势地位，则有可能面对市场竞争的巨大冲击和外资企业对市场份额的不断挤占甚至"吞噬"，从而带来负面的竞争效应（Aitken and Harrison，1999；Barry et al.，2005）。关于外资企业进入的实际影响常常充满争议，不少文献都得出了不同结论，但从实践来看，后者的效应在发展中国家表现得更为普遍，即由于引入跨国公司而带来的竞争冲击，使得不少发展中国家本土企业的市场份额不断萎缩，甚至不得不退出市场，最终被迫陷入尚未成熟的本国民族产业为少数大型跨国企业所垄断的境地。科宁斯（Konings，2001）对欧洲中东部地区新兴经济体中的企业数据进行考察，发现外资企业在东道国市场上会利用所有权优势和成本优势吸引大量的本土消费者，从而导致国内企业不得不提高其成本曲线并削减产出。张海洋（2005）通过对我国内资工业部门生产率和技术效率的测算发现，内资企业较低的研发吸收能力和外资活动产生的负向竞争效应分别抑制了内资部门生产率和技术效率的增长，进而使得外资活动对本土产业增长没有显著影响。代谦和别朝霞（2006）基于两国内生增长理论，论证了当发达国家的 FDI 以较低的成本进入并参与发展中国家的市场竞争时，FDI 会给本土民族产业带来巨大冲击，造成后发国家幼稚产业的萎缩。沈坤荣和孙文杰（2009）在技术创新模型中考虑引入外资的市场竞争效应，认为在控制技术溢出效应的前提下，短期内会由于外资的进入导致市场过度竞争，从而给内资企业带来负面竞争效应。

由于外资流通企业的大规模引入对国内市场结构产生了较大的影响，不少学者从外资进入和产业安全的角度探讨流通领域的竞争命题，认为地方政府的引资竞争助长了外资流通企业的"超国民待遇"，尤其是外资商业对缺乏竞争力的商品流通系统（如农村商品流通）易形成区域性垄断，从而对我国流通产业安全产生威胁。

作为与国外资本一同被引入的产物，"通道费"也往往被看作是零售商垄断势力下的纵向约束手段（刘向东等，2015）。随着外资在华投资的广度和深度不断强化，使得国内流通市场的市场竞争日益白热化，外资进入会在某些业态上出现外资垄断的可能性（荆林波和袁平红，2018），从而与本土流通企业形成非正常竞争，挤占当地市场份额并对社会福利产生负面影响（陈福中和刘向东，2013）。纪宝成和李陈华（2012a）指出，随着外资商业进入步伐的持续加快，对民族商业的发展构成了新的挑战，从而引发对流通产业安全问题的思考，认为流通业的竞争性并不意味着不需要政府规制，并且流通产业安全的度量指标不能只局限于外资商业在华的总体市场份额，而要充分考虑各类指标的科学含义、外资商业在华分布的地域非均衡性以及外资商业的母国结构等其他微观层面的因素。纪宝成和李陈华（2012b）再次强调在外资商业竞争日益加剧的新时期，这一重要的、关系到国计民生的产业正面临潜在的安全威胁，呼吁流通产业安全问题不仅需要得到学术界的深入研究，更需要得到各级政府和主管部门的高度重视。石明明（2012）在跨国零售商处于相对优势地位的背景下，提出培育国有大型流通企业和打造中国超级"商业航母"的政策建议。申坤（2015）从博弈论的角度，指出在相关优惠政策下涌入流通产业的外商资本极易形成渠道控制甚至垄断。

2.4　研究方法的相关文献综述

2.4.1　流通产业的效率测算方法

在以往研究中，常用来测算某一决策单位效率或生产率的方法主要包括参数法和非参数法，其中参数法是基于增长核算或索洛余值法（Abramovitz，1956；Solow，1957）的思路，在给定投入产出观测数据的条件下，借助计量经济学等工具对生产函数进行参数估计（金剑，2007）；非参数法是在线性规划和指数理论等非参数估计模型的基础上建立的，不需要像参数法那样对具体生产函数或决策单位的行为假设进行设定，从而使得非参数法可以有效避免由于不同函数形式的主观设定而导致的结果偏差问题（刘兴凯和张诚，2010）。在参数估计法方面，常用的方法包括固定效应估计法、Olley-Pakes（OP）估计法、Wooldridge-Levinsohn-Petrin（WLP）估计法等，在测算制造业效率或全要素生产率时常被使用（刘续棵，2014），并且通常是将生产函数形式设定为柯布—道格拉斯（C－D）生产函数（杨勇，2008）。而非参数方法主要包括数据包络分析（DEA）和马姆奎斯特（Malmquist）指数模型，其中 DEA 方法是基于投入产出数据构造出代表最优效率的生产前沿面，利用线性规划的底层逻辑计算决策单元相对于生产前沿面的距离来刻画生产率水平，Malmquist 指数模型则是在此基础上通过求解不同时刻距离函数的比值来衡量效率变化。

这两类方法均在流通产业的效率测算中被使用。对于参数法的使用，李晓慧（2014）基于随机前沿生产函数模型分析了流通业对制造业效率影响；李杨超（2015）借助随机前沿模型研究了我国流通产业技术效率的区域性差异；李子文和刘向东（2017）测算和分解我国零售业全要素生产率时基于的就是增长核算法和随机前沿分析方法。在非参数法方面，董誉文（2016）同时使用了参数法中的索洛余值法和非参数法 DEA-Malmquist 模型对我国流通产业增长和效率作出评价；王晓东和丛颖睿（2016）在对零售业的国有资本效率进行测算时使用的方法是三阶段 DEA 超效率模型和 Malmquist 模型。王晓东和王诗桅（2016）将传统的 DEA 模型进行拓展，使用线性流程的 DEA 模型对商品流通效率进行实证测量。王晓东等（2020）运用一阶段 DEA 模型对全国流通产业的全要素生产率进行测算，同时运用 DEA-Malmquist 指数法对不同地区和不同年份的流通效率进行评价。

可以看出，由于研究目的的不同，在对流通产业相关效率进行测算的具体研究中所使用的模型和估计方法也有所不同。考虑到非参数法无须设定生产函数和引入较强的行为假设等优点，本书后续将选用这一方法对不同流通所有制的效率进行测算。在此基础上，我们将借鉴王晓东和丛颖睿（2016）的做法，使用三阶段 DEA-Malmquist 模型排除外部环境和随机因素的干扰，进一步提高效率结果的科学性。

2.4.2 一个研究所有制竞争的经典模型：混合寡占竞争模型

为合理刻画多种所有制竞争，本书后续的讨论还将涉及关于混合经济中不同所有制主体市场参与的理论建模文献。其中，混合寡占竞争模型是研究所有制竞争的经典模型，这里的"混合寡占"意指国有企业与非国有企业并存、寡占博弈的市场结构。梅里尔和施奈德（Merrill and Schneider，1966）将国有企业引入寡占市场理论并对其进行建模，模型的基本假设主要围绕国有企业以最大化行业产出为目标对所在产业加以干预。在此之前，经济学中已有的相关文献基本都是独立地基于完全的政府所有权或完全的民营企业私人所有权进行研究，尽管在当时的经济实践中，多种所有制共同竞争已在不完全竞争或寡头垄断产业中十分常见，但很少有人关注到政府如何从产业内影响私有制企业的运营，国有产权与私有产权之间的互动关系并没有引起学术界的广泛重视。

立足于多种所有制经济共同参与竞争的市场现实，混合寡占模型的基本思路是，不同所有制经济具有各自相异的目标函数，因而他们之间在市场上的策略互动会产生不同的竞争结果。弗拉亚和德尔波诺（Fraja and Delbono，1989）首次提出国有企业的经营目标有别于非国有企业追求利润最大化的目标，以社会福利水平最大化作为自身的目标函数，政府以此介入调控并间接参与市场管制。克里默等（Cremer et al.，1989）同样将国有企业考虑为一种直接规制工具，在市场参与过程中可以发挥改进社会福利的作用。此后的相关文献大多是基于这一寡占竞争博弈的设定和框架展开对此类问题进行研究，国外学者所关注的领域涵盖部分民营化的最优配置（Matsumura，1998；Heywood et al.，2017）、环境治理（Ye and Zhao，2016）和广告竞争策略（Han et al.，2017）等诸多相关话题，国外已有文献常常被限定在封闭经济下讨论（Matsumura and Matsushima，2004），很少有研究将外资企业作为混合寡占竞争模型的主体。

国内学者同样针对国有企业的目标函数和所有制寡占竞争模型进行了一系列的放松假设和模型拓展，产出了丰富的研究成果。例如，平新乔（2000）通过构建两阶段古诺—纳什博弈的混合寡占模型，探讨了国有企业目标函数的变化以及在不同情境下的国有经济比重内生决定问题；孙群燕等（2004）率先将开放经济的情形纳入混合寡头垄断竞争的博弈模型，分别论证了封闭经济和开放经济中国有股份的最优比重问题，并进一步讨论了其对政府支付和社会总体福利的影响；在考虑产品差异化竞争的基础上，叶光亮和邓国营（2010）将模型拓展至对非国有化程度和最优关税设计的研究；欧瑞秋等（2014）从社会福利视角出发，运用混合寡占分析框架对国有企业定位以及国有企业部分民营化策略进行模型构建；徐璐和叶光亮（2018）基于国有企业、本土私营企业和外国企业之间的古诺竞争，探讨了跨国专利授权策略和竞争政策问题。

石明明（2012）将该模型运用在流通领域，对外资零售企业进入背景下流通产业内的混合竞争进行了研究。本书受此研究的启发，在对多种流通所有制竞争进行研究时将使用混合寡占模型，并在此基础上放松了一定的假设条件对模型进行拓展：以往的研究通常在模型中仅引入参与竞争的不同所有制主体，并且大多是以实现"社会福利最大化"作为国有企业的目标函数（Fjell and Pal，1996），而本书将设计规制机制及实施规制的政府纳入模型作为一个新的行为主体，在国有流通企业的目标函数中引入政府规制参数作为内生性规制政策工具的基础上，建立了一个包括政府、国有流通企业、民营流通企业和外资流通企业多方参与的策略互动模型，使得政府的规制机制不再固有地等价于要求国有企业最大化社会总剩余（石明明等，2015），而是应考虑其公共利益与企业私利两者并蓄的混合目标（陈俊龙等，2018）。

2.5　相关文献评述

本章先对产权与所有制理论、产业组织理论中的拓展 SCP 范式、有效竞争理论以及政府规制理论等理论基础进行了相关回顾及梳理。其中，马克思主义政治经济学和西方经济学对于产权范畴的定义并不相同，考虑到中国的制度语境以及以往国内学者对于中国所有制和所有制结构问题研究时一贯使用的理论框架，本书认为，在后续涉及流通所有制的理论思辨中应立足于马克思主义政治经济学的相关所有制理论，使之成为本书写作的根本性理论基础。与此同时，这并不意味着否定西方主流经济学中产业组织理论对于本书的指导作用。通过对产业组织理论中结构—行为—绩效（Structure-Conduct-Performance，SCP）分析范式的综述，我们认为，尽管在过去主流研究中这一范式基本是以第一产业和第二产业为研究对象，但是借助相关理论和分析范式的逻辑框架将有利于形成一个更加清晰、严谨的思维脉络，并帮助我们运用现代经济学思维探讨把握本书的研究主题。目前，已有不少研究在对传统产业组织理论进行拓展的基础上，结合中国实践和产业特征，在市场结构、行为和绩效的框架中进一步引入对政府规制因素的讨论，认为市场机制和政府规制对经济活动发挥着互为补充的合力作用。通过对相关理论基础的梳理，笔者在此做两点评述性总结：（1）马克思主义政治经济学理论是本书的理论根基，西方经济学的产业组织理论为我们提供了一定的思维方法，本书是在吸纳不同理论的指导作用下开展的；（2）将政府规制纳入市场竞争和企业绩效的研究框架更加符合中国特色社会主义市场经济体系中各领域的经济活动实践，相关理论基础及拓展为本书提供了一个"企业—市场—政府"的框架性思路。

在此基础上，本章进一步在拓展的 SCP 范式下对流通产业的相关文献进行了综述，并分别从流通产业中的国有资本、民营经济和外资进入的角度梳理了不同流通所有制的相关研究。在这个过程中，笔者发现：尽管有不少学者从市场结构、市场行为和市场绩效等角度讨论流通产业的话题，但在此基础上考虑流通产业内政府规制的研究仍然不多；尽管很多文献分别不同角度探讨了不同所有制流通企业的相关话题，但鲜有研究涉足多种所有制流通企业之间的效率比较和市场竞争，基于多种流通所有制的政府规制问题更是很少被关注。因此，本书将在已有研究的基础上，试图在流通领域多种经济成分并存的背景下，对流通产业的所有制结构和不同所有制流通主体效率、竞争等相关议题方面进行深入研究，作为对已有研究的补充，以期从多种所有制的角度为流通产业政策制定提供一个理论框架。

最后，通过对研究方法的相关文献梳理，我们可以找到合适的研究方法。在测算不同所有制流通企业效率方面，考虑到研究目的和模型适用性，后续将选用非参数法中的三阶段 DEA-Malmquist 模型进行效率估计。在分析流通所有制竞争方面，我们将选用经典的混合寡占竞争模型，并对此模型进行一定的放松假设，使得政府规制机制被进一步引入多种所有制竞争模型。

第 3 章

流通所有制结构和分布的特征事实

在对相关文献进行梳理的基础上，本书认为应对我国流通领域的所有制问题进行深入探讨。在针对多种所有制流通企业的效率、竞争与规制等相关命题进行讨论之前，有必要先厘清关于流通所有制的理论思辨以及我国流通产业内所有制结构和分布的特征事实，以帮助我们加深对相关流通理论和流通实践的理解。

3.1 关于流通所有制的理论思辨

通常对所有制或经济成分的讨论往往特定地针对生产资料的所有制形式，表面上体现为人们在不同社会经济形态中对劳动中的物质资料占有的一定形式，而实质则是通过"人"对"物"的占有而反映的"人"与"人"之间的经济联系。根据马克思政治经济学理论，在人类社会发展进程中，生产资料归谁所有、占用、支配和使用始终贯穿在社会再生产和生产关系运动的全过程之中，是一切社会经济制度的基础，因而所有制形式问题是生产关系中的根本性问题。而流通过程作为生产和消费之间的媒介环节，虽然并不直接创造出物质产品，却是使得社会再生产过程连续不断、周而复始进行的必要条件，也是社会经济得以正常运转的客观要素。流通主体在组织商品流通、从事经营活动以及提供其他相关服务的过程中必然需要付出一定的劳动。从本质上来说，流通中所耗费的劳动是商品经济条件下社会总劳动的重要组成部分，是商业部门的劳动者为媒介成社会商品交换所支出的劳动力。正如马克思所论述的那样，"在商品生产中，流通和生产本身一样必要，从而流通当事人也和生产当事人一样必要"①，与"生产当事人"通过将活劳动直接作用于生产资料类似，尽管"流通当事人"不直接参与生产物质产品，但也同样经历将商业劳动付诸劳动资料和劳动对象的过程。这意味着对于专门从事组织商品流通的这些"流通当事人"来说，其也要面对流通过程中物质资料的归属问题。

这里需要指出的是，与生产资料的物质内容相比，商品流通领域的物质资料存在其特殊性。与"生产资料"相对应，有学者将其称为"流通资料"（纪宝成等，1993）。流通资料涵盖市场流通中一切"物"的要素，主要包括作为劳动对象的商品和作为劳动资料的物质技术装备。

首先，在商品经济条件下，生产者所创造出的物质产品进入流通领域，以商品的形式融入社会交换过程。从商业活动的形式规定性 G—W—G' 来看，商业经营者作为交换本身的"中项"，从生产者手中购进商品再转卖出去，交替循环着开展自身的商品购销活动，以此承担组织以货币为媒介的商品交换的职能。因此，商业经济学认为商业客体——商业主体购、销、运、存的对象是流通中的商品。在商品流通中，一切商品都经历着从商品到货币（卖）和从货币复归为商品（买）的两种物质要素形式变化过程，"商品两次换位"② 意味着发达形式的商品流通必须以经营商品为中心，市场上由这些在"时间"上继起和"空间"上并存的众多商品形态变化所组成的循环即形成了商品流通全局。对于专门从事商品流通或商业经营的流通主体来说，购进商品作为劳动对象的前提是先拥有货币，即与买卖活动紧密结合的商品经营资本，这部分流通资料体现着流通资料的本质规定性。从其周转方式来看，商品经营资本属于流动资本。作为一个流通企业，独立自主地开展商品购销活动的前提是拥有相当数量的商品经营资本。因此，商品这一流通领域特殊的劳动对象，是有别于生产物质资料的独特的物质内容。

其次，媒介商品交换的过程需要一定的流通手段作为支撑，包括商业经

---

① 马克思，恩格斯．马克思恩格斯文集：第 6 卷 [M]．北京：人民出版社，2009：143．
② 马克思，恩格斯．马克思恩格斯文集：第 7 卷 [M]．北京：人民出版社，2009：359．

营活动所必需的一切物质技术装备，如商业部门的营业用房、经营设施、机器设备、储运工具以及与开展商业活动所需要的物质内容相结合的技术因素等。商品流通过程中除了无形的所有权交易，还涵盖商品物理属性的流通过程，在此过程中需要开展商品的运输、保管、包装、分拣等一系列准生产性活动，这就无法脱离资本和工具的物质性和技术性基础。这些流通技术装备作为商业经营所必需的物质内容构成了商品流通领域特殊的劳动资料，从商业经营者为购置流通手段所垫支的流通费用的角度来说，这一部分的流通资料在一定程度上体现了商业部门所占用的固定资本和流动资本（周转方式不同）的属性。商业人员的劳动与物质技术装备相结合是流通活动不断发生的现实基础，商业经营总是需要借助必要的物质手段才能正常开展。随着近年来流通产业的现代化和集约化发展，技术要素对流通过程的渗透和改造达到了空前的水平，使得其自身的资本和技术密集度也大大提高，流通产业技术装备的载体条件正在不断得以强化。

与生产资料所有制类似，流通资料所有制是流通领域人们对劳动中的物质资料占有的一定形式，是在不同商品各自售卖和产销形式的基础上，劳动者结合生产条件依此实行的特殊方式和方法。立足于生产关系来考察流通领域不同所有制形式之间的结合形式或相互关系时，流通所有制不仅关系到商品流通的社会性质，还涵盖了流通主体财产占有的具体形式。从宏观现实和应用研究的角度来说，流通资料所有制问题又体现在流通产业的所有制结构问题上，即与一定经济社会形态相适应的、与流通体制改革密切相关的流通产业所有制结构。

尽管"流通资料所有制"的提法并不常见，并且在很多场合和研究语境中都包容在"生产资料所有制"的范畴之内，但正是因为流通过程中的物质内容与直接生产活动中的生产资料存在明显差别，因而在研究所有制问题时有必需注意到流通所有制问题的特殊性。对这一问题的阐释，列宁早在论述社会主义的基本性质时就曾将流通资料所有制与生产资料所有制并提，指出"无产阶级的社会革命以生产资料和流通手段的公有制代替私有制"[①]。孙冶

---

① 列宁. 列宁全集：第36卷 [M]. 北京：人民出版社，1985：96.

方（1979）在《论作为政治经济学对象的生产关系》中批判了斯大林定义生产关系时直接用生产过程中人与人之间的关系来代替交换过程中人与人之间的关系，这从侧面表达了在流通过程中存在人与人之间的经济联系，即存在通过人对物的占有所表现的所有制形式。冒天启（1981）对过去商品流通渠道按照所有制形式进行指派和限定提出质疑，提出流通领域内的各种经济成为应取长补短、长期并存以提供灵活多样的流通渠道。纪宝成（1993）通过对流通资料内涵和外延的解构，对所有制的表述是否适用于商品流通领域进行了深入剖析，认为有必要显示"流通资料所有制"这种差异性的提法。陈赞晓（1998）指出，生产资料所有制不应涵盖或支配流通资料所有制的范畴，应当同时重视生产部门和商业部门所有制结构问题。洪涛（2002）在论及我国商业结构调整时提到"主体——并存"的流通所有制是流通产业结构调整的方向之一。

那么，商品流通领域的所有制形式由哪些因素所决定或受哪些因素所影响呢？如图3.1所示，流通处于产业链的中间环节分别连接着上游"生产"一端和下游"消费"一端，商品在流通领域依次经历不同层级的批发商业和零售商业，从生产领域到达生活消费领域，生产力水平对流通所有制的决定作用顺着产业链条逐渐衰减，消费力状况对其的影响作用则逆向逐级弱化。[①]这就意味着越靠近生产端的流通主体（如批发商业）的所有制形式受生产力水平决定的程度越高，上游批发商的所有制形式受生产力发展水平作用的强度高于下游批发商，而越靠近终端消费者的流通主体（如零售商业）的所有制形式受消费力分布状况和发展水平影响的程度则越高。

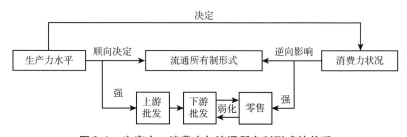

图3.1　生产力、消费力与流通所有制形式的关系

---

① 纪宝成 . 商品流通论——体制与运行 [M]. 北京：中国人民大学出版社，1993：61 – 63.

一方面，对一切社会经济形态而言，作为生产关系的基础，生产资料的所有制形式取决于社会生产力的发展水平，这是生产关系要适应生产力规律所决定的客观必然。这一原理也适用于流通领域，即流通所有制的决定要适合生产力的发展状况。

另一方面，由于流通在社会再生产过程中处于衔接生产与消费的媒介环节，流通所有制形式还会受到一定消费需求形式的影响和制约。马克思在论述生产和消费的关系时强调，人类一天也不能停止生产，一天也不能停止消费，没有需要，就没有生产，而消费则把需要再生产出来。这里明确了消费在生产乃至经济增长中的拉动作用。基于对生产和消费之间同一性的认识，马克思提出了生产力的对等概念——消费力，即一定时期内消费者的消费能力，同时也指出提高消费力是发展生产力的途径之一，"……而是发展生产力，发展生产的能力，因而既是发展消费的能力，又是发展消费的资料。消费的能力是消费的条件，因而是消费的首要手段，而这种能力是一种个人才能的发展，一种生产力的发展"①。因此，消费力是由作为消费者的人和作为消费资料的物结合而成的。作为生产领域与消费领域的"纽带"，流通渠道是将商品联结至消费者的直接载体，因而消费力的分布和水平必然会影响商品流通领域的所有制形式，特别是零售商业的所有制形式。流通最终是为人民群众普遍差异且经常变化的消费服务的，个人消费或家庭消费作为最基本的消费单位，其购买行为通常表现出少量多次购买的特征，对应的消费力也总是零散布局的，这就要求有灵活多样且小型分散的购销形式满足消费者多层次、多元化和异质性的消费需求。消费力的这种状况使得越接近最终消费领域的流通业，特别是与人们日常消费活动紧密联系的零售网点，大多呈现小型、多样、分散等布局特点，以更好地为满足消费者的需要而服务。而这样的商品流通形式往往适合低层次形式的集体商业或个体商业来经营。这种情况不但不会随着社会生产和商品经济的发展而减弱，反而会不断强化。从一些发达国家的流通业发展经验来看，尽管由垄断资本经营的很多大型零售商占据了主要流通渠道，但在零售业中中小店铺仍占有很大比重，自雇式夫

---

① 马克思，恩格斯. 马克思恩格斯全集（中文 2 版）：第 46 卷 [M]. 北京：人民出版社，1998：225－226.

妻店等小商小贩的规模也不在少数。

批发作为流通领域中"较高的中项",是发生在生产者之间、经营者之间或生产者与经营者之间的一种商业活动,不涉及满足最终消费者的直接生活消费需要,而是在满足生产消费需要、集散商品和媒介流通等方面发挥作用。批发商从上游生产厂商或其他经营者处采购生活消费品、生产资料等商品,再将其供应给再销售者(次级批发商或零售商)、生产者以及其他生产资料消费者。批发职能的发挥在很大程度上受生产部门供给侧因素的制约,包括产品范围、地理分布、专业分工化程度,以及生产者的规模、结构等。因此,越是靠近生产领域的批发商业,其所有制形式越受到生产力状况的决定性影响。而与商品生产者和批发商业相比,零售商业人员的劳动内容有着明显差别,其销售商品仅限于不得投入生产或转卖的消费品,并且销售对象面对的是需求各异的最终消费者。这就使得零售业总体来说更侧重于服务,是一个劳动密集型的"人性化"行业,零售商业人员不仅与种类繁多的商品打交道,还直接服务于形形色色的消费者。相对于批发业来说,个体经济、集体经济等所有制形式在零售领域的存在更为普遍也更有必要。因此,消费力方面的因素,包括消费群体的地理分布、需求的规模和结构以及需求者的需求结构等,对零售环节所有制结构的影响较批发业而言要大得多。总体来说,流通是为人民群众多样且多变的消费服务的,因而不同规模层次、多种购销功能并且灵活分散的流通形式为异质性需求的消费者所需要。这种服务于消费的商业变革和流通创新将随着社会生产的发展和消费能力的提升而进一步加强。因此,不同经济成分在流通中所占的比重往往是在响应不同经济发展阶段的消费需求结构而作出的动态调整。

3.2　我国流通所有制结构的历史演进

从所有制结构的历史演进角度来看,随着社会生产力的发展,我国流通所有制与生产领域中生产资料所有制一同经历了不断发展和逐步修正的过程。

3.2.1　公有制商业占绝对主导地位的历史阶段

中华人民共和国成立之初，我国流通领域出现了多种所有制形式，这与生产领域中多种生产资料所有制参与的社会再生产过程相适应。不仅包括全民所有制国营商业和集体所有制供销合作社商业，还并存着国家资本主义商业及私有制的个体商业形式。在农村市场上还存在集市贸易等流通渠道。这一经济背景下，由于商品流通业在高度集中的计划经济体制下主要从事指令性商品分配职能，国有商业和集体商业经历了从无到有的过程，并逐步在国民经济中确立了其主导地位，与此同时，在"公私兼顾，劳资两利"的政策方针下，私营资本主义商业在发展国计民生中发挥了不容忽视的促进作用。总体来看，多种流通所有制结构在商业领域初步建立，商品流通市场上各所有制之间的竞争在这一阶段表现得颇为活跃。

3.2.2　恢复非公有制商业的过渡时期

1978 年党的十一届三中全会深刻总结了历史经验，对调整所有制结构的必要性提出了新的要求。社会主义初级阶段形成和建立多种流通所有制结构的客观必然性被更多的人所认同，因而在公有制商业仍占主导地位的同时，流通领域的非公有制经济开始逐渐恢复其经营比重，多条并存的流通渠道相继回归市场发挥其职能。具体来说，集体商业和个体商业都在不同程度上得到了恢复和发展，农村集市贸易重新开放，农贸市场也开始在城市商业系统内组织农产品流通。除此之外，还有一些流通主体以新的联营方式出现，主要表现为个体商业通过全民所有制或集体所有制经济所组成的联合经营。流通业在 1978～1992 年逐步恢复了不同所有制并存的流通渠道，形成了以公有制为主体、以国有商品流通业为主导、多种经济形式并存的商品流通所有制结构。这一调整使得流通业更好地发挥联结生产与消费领域、沟通城乡市场以及服务其他行业的经济职能，并在一定程度上推动了改革国民经济管理体制的步伐。

在流通体制的改革进程中，对国有流通企业的调整和改革有序展开，集体、个人等其他所有制经济成分的商业主体得以快速发展。从 1984 年初开始对小型国有商业进行"改、转、改、租、卖"的试点改革，到年末共有近 6 万家小型国营零售、餐饮和其他商贸企业放开经营，由此，将国营商业所有制调整为"国家所有、集体经营"或者集体或个体所有。与 1978 年相比，1984 年末国营零售网点的数量缩减了 40.1%，而集体所有制商业网点数量相应增长了 55.86%，个体商户的规模实现近 40 倍扩张。[①] 同时，供销社也经历了由"官办"到"民办"的制度改革，鼓励发展各类自负盈亏的合作商业组织，从而实现农民入股、允许个人贩运农副产品和自主协商购销价格的一系列突破。随着经营承包责任制在全国大中型企业中的推行和股份制改革的启动，商业企业的所有制改革在 1985 ~ 1992 年取得较大进展。至 1991 年底，绝大多数国有大中型商业企业转为实行承包责任制，90% 以上的小型商业企业放开经营。从经济成分占比来看，个体商业占比最高，达到 81%，其余则为集体和全民所有制商业以及少量的中外合营商业。从全社会消费品零售总额来看，不同所有制商业所承担的商品零售活动规模由高到低依次是国有、集体和个体商业，分别占全部零售总额的 40%、30% 和 20%。图 3.2 展示了 1998 年之前我国社会消费品零售总额在不同经济类型商业体系中的实现情况，可以直观地对应到上述时期的流通所有制演进脉络。[②]

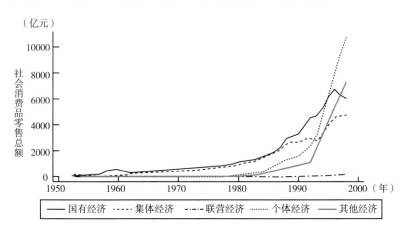

① 万斌. 中国经济发展和体制改革报告：改革开放 30 年（1978 ~ 2008）［M］. 北京：社会科学文献出版社，2008：490.

② 中华人民共和国统计局. 中国统计年鉴［M］. 北京：中国统计出版社，1999.

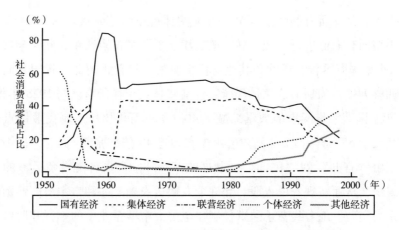

图 3.2　按经济类型分社会消费品零售总额及相对占比

3.2.3　多种流通所有制共同发展阶段

在 1992 年改革开放进入新阶段后，多种流通所有制结构得以进一步发展。随着社会主义市场经济体制的建立和完善，在流通领域积极推行现代企业制度，大力发展与社会主义市场经济体制相适应的商品流通所有制结构。为搞活国有商品流通业，在理顺产权关系、完善法人制度并转换经营机制方面进行了大胆探索，这一时期重点改革和解决了国有商品流通主体的多种实现形式问题。一方面，自 1984 年第一家以国营企业为基础、多种经济成分合资的股份制商业企业天桥百货在北京成立，全国到 1992 年已新增 200 多家围绕国有流通商所组建的股份制商业主体。另一方面，自 1988 年股份合作制改革在四川广汉开展试点以来，实行股份合作制成为国有小型流通企业所有制改革的主要方向。与此同时，非公有制商业得到了进一步的发展。1997 年，党的十五大将"公有制为主体，多种所有制经济共同发展"确立为中国社会主义初级阶段的一项基本经济制度，流通产业正式形成了"主体—并存"的多种所有制结构。到 1997 年底，私营和个体商业媒介成的消费品零售交易所占的比重已超过全社会商品零售总额的一半。[①]

---

① 资源学科创新平台. 社会消费品零售总额按经济类型分（全国）[EB/OL]. http：//www. data. ac. cn/tabinfo/tdm11.

　　同时，随着零售业从 1992 年试点开放到 2004 年全面开放，外资商业逐步加快了其进入中国市场并购和扩张的步伐，从而使得外资自此成为我国流通业中多种经济成分的重要组成部分。在国务院《关于商业零售领域利用外资问题的批复》的指导下，外资可获批以中外合资或合作经营的方式进入全国试点城市或经济特区的商业市场，由此，揭开了我国零售业引入外资的序幕。1992 年，上海第一八佰伴有限公司成为在我国成立的第一家中外合资大型商业零售企业，这一年共有 15 家外商投资企业获批在零售领域以合资的方式试办经营。1995 年，两大外资零售巨头万客隆和伊藤洋华洋华堂在北京开始以连锁形式跨国经营。同年，外商投资企业被允许在我国开展有限的批发业务。截至 2000 年，共有 300 余家外资流通商进入我国本土市场，占市场总零售份额的 2.5%。在经济全球化迅猛发展的背景下，我国流通产业于 2004 年底开始进入全面对外开放的新阶段。随着中国成功加入 WTO 和商务部《外商投资商业领域管理办法》的出台，外商投资在企业和门店数量、股权比例、经营区域等方面的限制被逐步取消（见表 3.1），此后外国资本大规模地通过绿地投资、参股、并购等方式在中国流通业"跑马圈地"。仅 2005 年一年商务部新批准设立外资零售企业 187 家，是开放之前批准数量的 6 倍之多，而设立的外投商业企业则高达 1027 家，为 2004 年之前批准总数的 3.27 倍，也是在这一年有 40 家全球 50 强零售商在中国陆续登陆。①

　　很多外资零售巨头在对外扩张时常常以"血橙文化"得名，即凭借其资金、技术、全球供配货系统和先进管理等方面的优势，永无止境地追求资本的绝对控制权和规模的无限扩张，以达到将商圈范围以内的竞争对手挤出市场、独占市场份额的目的。在外资进入中国市场之初，由于本土流通产业尚不成熟，国内零售企业在面对外资冲击时曾一度引发"狼来了"的集体恐慌。大部分外资流通企业在涌入初期，曾大规模地在我国东部等经济发达地区争相布局、迅速抢占中高端零售市场，大型外资卖场或超市在部分区域的

---

　　①　商务部. 关于开展 2006 年上半年外资零售企业经营情况调查的函［EB/OL］.［2006 - 08 - 29］. http：//www. mofcom. gov. cn/article/h/redht/200608/20060803030545. shtml.

比重甚至高达九成以上。① 外商投资善于利用低价策略吸引消费者，同时借助资金或政策优势在短时间内快速扩张门店数量，以达到"先亏损，后盈利"和最终攫取市场份额的目的。例如，家乐福这一世界第二大零售巨头自1995 年率先在全国多地布局大卖场，门店数量在短短几年时间内就达到上百家，并且多年在国内连锁百强中保持第一名的位置。可以说，21 世纪的第一个十年都可谓是流通领域外资商业进入和发展的"黄金时期"。

表3.1 中国零售业开放时间表

开放项目	企业门店数量	控股比例	经营区域
加入 WTO			允许外资零售企业在武汉和郑州设立合资企业
一年内	在北京和上海各不超过 4 家；在其他开放区域各不超过 2 家		允许外商资本在北京、上海、广州、天津、青岛、大连以及 5 个经济特区开设合资零售企业
两年内	取消数量限制	取消控股比例限制	开放城市扩大到宁波市和所有省会城市
三年内			取消地域限制

资料来源：苏民，黄晓芳. 零售业圈地大战悄然升级 [N]. 经济日报，2002 – 06 – 13.

然而，随着移动互联下电商时代的到来，核心围绕大卖场业态的传统外资零售商开始逐渐无法适应本土流通创新的迭代和国内市场消费习惯的改变。自 2010 年起，不少在华知名跨国零售企业在经营成本不断推高和本土零售商相继崛起的双重压力下，陆续选择从中国市场退出，近 10 年来主要外资零售企业进入和退出的现状如表 3.2 所示。

表3.2 主要外资零售企业进入和退出现状

零售企业	所属国家	进入年份	退出时间	当前状态
百思买	美国	2006 年	2011 年 2 月	关闭上海零售总部及其在中国大陆地区的全部门店，其余业务交予五星电器
乐购	英国	2005 年	2014 年 5 月	华润创业收购乐购中国项目并持有合资公司80% 的股份；2020 年初出售剩余股权

---

① 黄漫宇. FDI 对中国流通产业安全的影响及对策分析 [J]. 宏观经济研究，2011 (6)：19 – 22，89.

续表

零售企业	所属国家	进入年份	退出时间	当前状态
百安居	英国	1999 年	2014 年 12 月	物美以 14 亿元人民币收购其 70% 股权
易买得	韩国	1997 年	2018 年 1 月	先后由新华都、永辉、卜蜂莲花收购门店
亚迪天天	西班牙	2003 年	2018 年 4 月	将 100% 股权事项出售给苏宁，被改造为"苏宁小店"
乐天玛特	韩国	2007 年	2018 年 10 月	利群和物美接管其 93 家门店；关闭未能出售的其余 12 家
梅西百货	美国	2015 年	2018 年 12 月	关闭天猫旗舰店，此前已关闭上海直营店
家乐福	法国	1995 年	2019 年 6 月	苏宁收购其 80% 股份
高岛屋	日本	2012 年	2019 年 8 月	清算并解散上海门店
麦德龙	德国	1995 年	2019 年 10 月	物美收购其 70% 股份
沃尔玛	美国	1996 年	未退出	与京东达成了战略合作；关闭大卖场的同时也在加速开新店
卜蜂莲花	泰国	1997 年	未退出	2019 年底于港交所撤销上市，届时在华拥有或经营 87 家门店和 3 家购物中心；截至 2020 年 7 月共有 15 个门店完成数字化改造
宜家	瑞典	1998 年	未退出	目前在华共有 29 家门店和 2 个体验中心；扩张新店的同时持续探索全渠道模式
奥乐齐	德国	2017 年	未退出	2017 年初通过天猫国际海外旗舰店进入中国市场；2019 年在上海开设 2 家实体店，作为亚洲首批线下试点
开市客	美国	2019 年	未退出	首店在上海开业；第二家门店即将落户，持续加码中国市场

资料来源：笔者整理。

　　从表 3.2 中可以看出，中国电子商务的高速发展期正对应于外资零售的退潮期，与电商群雄逐鹿的热闹景象形成鲜明对比的是，外资零售企业接连迎来亏损与败退。面对国内零售市场竞争不断加剧的挑战，外资零售商运营成本高的劣势开始逐渐显现。如图 3.3 所示，中国连锁经营协会所公布的数据显示，外资实体零售商的店租、人工、水电等经营成本占其销售总额的比重在 2009～2018 年均呈上升态势，全部成本占比增长了近 1 倍，其中，房租支出成本占比从 1.5% 增长至 2.8%，人工成本占比从 2.2% 提高至 5.2%；

此外，从 2014 年开始，外资连锁零售巨头逐年放缓新开门店的步伐，单店平均销售业绩也从 2009 年的 228752 万元下滑至 2018 年的 18996 万元。2016 年后，未退出的外资零售商也开始探索互联网融合机会，积极拓展与本土电商以及技术支持商之间的合作互补关系。例如，沃尔玛不仅在 2016 年达成了与京东的一系列战略合作，开拓了诸如社区惠选超市、紧凑型大卖场、"云仓+门店"等新型业态，还尝试引入"多点 Dmall"等提供的数字零售解决方案。在未退出外商的求变创新下，不少外资零售企业业绩得以改善，选择继续深耕在中国市场并持续扩张其商业版图。当前，随着线上线下竞争格局及消费者需求升级方向的逐渐明朗，巨大的中国消费市场依然吸引着奥乐齐、开市客等新一轮外资零售巨头们的入场。

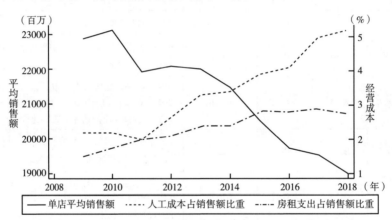

图 3.3　2009～2018 年外资零售企业单店平均销售额及经营成本占比

资料来源：马宁宁. 中国零售市场进入本土品牌主导时代 [N]. 2019 - 08 - 02.

3.3　目前流通产业的所有制分布情况

3.3.1　企业数量和规模分布

根据 2017 年流通产业的相关数据统计，分别按照登记注册类型和控股情况划分，限额以上批发业和零售业的法人单位数及年末从业人数如表 3.3

所示。需要说明的是，按登记注册类型划分的国有流通企业包括国有企业、国有联营企业、国有与集体联营企业和国有独资公司，集体企业则包括集体企业和集体联营企业两类。

从企业数量和从业人数上来看，无论是在批发业还是零售业中，私营企业或私人控股企业的数量占比都最多，远高于其他所有制类型的企业，按登记注册类型划分的私营批发企业和零售企业占比分别在85%和90%以上，对应的从业人数占比分别为59%与69%左右，可见，尽管本土私有制经济成分在流通领域的比重最高，但从以人员数量衡量的企业规模来看，私营企业的规模未能与其庞大的企业数量相匹及。在所有经济类型的企业中，私营或私人控股流通企业的平均从业人数最少，在批发业和零售业中，平均每家私营企业的从业人数分别仅为30人和44人。可以看出，流通领域的民营经济仍存在着规模不足、组织化程度较低等问题。

法人单位数占比次之的所有制形式为国有企业或国有控股企业，其在批发业中的比重高于零售业，按控股情况分的国有控股批发企业的占比达到8.54%，此时，所对应的人员数目的百分比为24.45%，说明国有经济类型的批发企业在企业规模方面与私营批发商的差距没有两者在企业数量方面的差距那么显著。在企业平均人员规模方面，国有流通企业要高于本土集体企业和私营企业，但低于港澳台商和外商投资或控股企业。在批发业中，国有企业的平均雇佣人数为139人左右，而在零售业中国有注册类型企业与国有控股企业的平均人员数量分别为81人和163人。

无论是从企业数量还是就业人数的角度来说，集体批发与零售企业的占比都相对最低。其中，在登记注册类型划分企业所有制类型的口径下，集体企业的法人单位数占比和年末从业人数占比均不足1%。平均每家集体流通企业的从业人数处于私营企业和国有企业之间。这意味着当前集体经济的体量和规模在流通领域中的占比相对来说处于很低的水平。

对于外资流通企业来说，港澳台商和外商企业的总体占比并不高，低于国内私营及国有企业。但是从企业平均就业人数来看，外资批发企业和零售企业的平均人员数量分别为146人和390人，超过了其他本土流通企业的平均人数，表明外资企业进入我国流通领域的平均规模相对较高。

表 3.3　　　　　限额以上批发业和零售业法人单位数及年末从业人数

项目	批发业			零售业		
	法人单位数（人）	年末从业人数（人）	法人单位数占比（%）	法人单位数（人）	年末从业人数（人）	法人单位数占比（%）
按登记注册类型分						
国有企业	3440	474193	4.92	1961	159674	3.07
集体企业	437	21776	0.63	1271	55809	1.99
私营企业	61032	1834929	87.32	58217	2545480	91.22
港澳台商投资企业	2299	320168	3.29	1448	469350	2.27
外商投资企业	2689	411772	3.85	924	420573	1.45
按控股情况分						
国有控股	8056	1127921	8.54	5171	841316	5.65
集体控股	1464	83701	1.55	2464	237397	2.69
私人控股	80079	2715119	84.92	81763	4126847	89.31
港澳台控股	2169	314102	2.30	1302	417448	1.42
外资控股	2527	372674	2.68	849	384757	0.93

资料来源：国家统计局贸易外经统计司. 大中型批发零售和住宿餐饮企业统计年鉴 [M]. 北京：中国统计出版社，2017.

3.3.2　市场份额分布

本节从主营业务收入和主营业务利润两方面考察不同所有制流通企业的市场份额分布，如表 3.4 所示。从各所有制类型流通企业的整体收益情况来看，无论是企业的主营业务收入还是刨去成本后的主营业务利润，私营或私人控股企业的总体收益最高，而集体企业的收益水平最低。除此之外，在批发业中，国有和国有控股批发商的主营业务收入和利润大体上处于低于私营企业而高于外资企业的水平；而在零售业中，按照不同口径所统计的数据之间存在差异：按控股情况划分，国有控股零售企业的收入和利润总额超过了港澳台商和外商控股企业；而在企业注册类型口径之下，国有零售企业的市场规模不及外资企业。

表 3.4　　　　限额以上批发业和零售业主营业务收入及主营业务利润　　　　单位：亿元

项目	批发业				零售业			
	主营业务收入	主营业务利润	平均主营业务收入	平均主营业务利润	主营业务收入	主营业务利润	平均主营业务收入	平均主营业务利润
按登记注册类型分								
国有企业	57828.21	3601.33	16.81	1.05	2986.40	331.07	1.52	0.17
集体企业	759.33	51.16	1.74	0.12	834.99	95.55	0.66	0.08
私营企业	124963.82	6108.00	2.05	0.10	35484.05	3846.86	0.61	0.07
港澳台商投资企业	21911.41	2248.09	9.53	0.98	6450.48	1251.41	4.45	0.86
外商投资企业	43724.99	5213.94	16.26	1.94	6974.22	1348.27	7.55	1.46
按控股情况分								
国有控股	166878.32	8136.43	20.71	1.01	18734.60	2002.17	3.62	0.39
集体控股	7779.43	303.97	5.31	0.21	3581.65	393.50	1.45	0.16
私人控股	179264.57	9237.00	2.24	0.12	59578.83	6498.28	0.73	0.08
港澳台控股	19709.65	2215.01	9.09	1.02	6461.17	1171.97	4.96	0.90
外商控股	31581.20	4244.19	12.50	1.68	6343.97	1193.20	7.47	1.41
合计	405213.17	24136.6	49.85	4.04	94700.22	11259.12	18.23	2.94

资料来源：国家统计局贸易外经统计司 . 大中型批发零售和住宿餐饮企业统计年鉴 ［M］. 北京：中国统计出版社，2017.

　　根据行业整体的收益情况，我们可以进一步由收益情况与企业数量的比值得到流通产业不同所有制控股企业的平均收益情况。从每家企业的平均收益情况可以很明显地看出，若将企业平均主营业务收入看作不同所有制企业的平均市场份额，则在批发业中，国有控股企业的平均市场份额最高，其次是外资企业，而私人和集体批发企业的平均收入水平相对较低。在零售业中，外资企业的平均市场份额最高，其次是国有企业，而私营或私人控股零售企业则低于其他所有类型的企业。从平均主营业务利润方面来看，各所有制批发与零售企业之间的差别表现不大。总体来看，外资流通企业尤其是外商投资或控股企业的平均利润额相对最高，国有企业次之。私营企业与集体企业的平均利润份额较为接近，大幅落后于其他所有制流通企业。

3.3.3　资本构成分布

除了从同所有制类型企业主体的相关情况来考察流通产业的所有制分布情况，还可以依据实收资本的实际出资主体来看流通产业中不同所有制的资本分布比例。从限额批发与零售行业的资本构成来看，其中国家资本、个人资本及外资（港澳台资本与外商资本）分别所占的比重情况如表 3.5 所示。

表 3.5　　　　　　　　　　　限额以上批发业和零售业实收资本及构成

项目	批发业		零售业	
	实收资本（亿元）	占比（%）	实收资本（亿元）	占比（%）
国家资本	4889.3	25.99	1279.0	13.93
集体资本	248.1	1.32	291.5	3.18
法人资本	7049.6	37.47	4027.1	43.87
个人资本	3658.9	19.45	2246.8	24.48
港澳台资本	1229.7	2968.8　15.78	733.5	1335.3　14.55%
外商资本	1739.1		601.8	
总计	18814.7		9179.7	

资料来源：国家统计局贸易外经统计司．大中型批发零售和住宿餐饮企业统计年鉴 [M]．北京：中国统计出版社，2017．

由统计数据可以看出，除去法人资本，在批发业的资本构成中，呈现出国有资本占比高于个人资本高于外资这一分布；而在零售业的资本构成中，则表现出个人资本大于外资大于国有资本的情形。相较于零售业而言，批发业实收资本规模相对更大，资本相对更加密集，作为"较高的中项"，其国有资本的禀赋程度高于零售业。而零售业直接服务于零散布局的消费一端，其法人资本和个人资本的占比大幅超出其他资本类型。接下来，将进一步在细分批发、零售业的各行业中分别考察不同所有制属性的资本分布情况，如表3.6所示。

表3.6　批发业各子行业实收资本及构成　　　　单位：万元

项目	国家资本	集体资本	法人资本	个人资本	港澳台资本	外商资本	外资总计
农、林、牧产品批发	334.28	13.41	321.79	138.84	41.10	42.54	83.64
食品、饮料及烟草制品批发	437.87	26.22	547.85	230.47	152.17	146.70	298.90
纺织、服装及家庭用品批发	101.53	17.13	470.08	270.51	287.88	261.50	549.40
文化、体育用品及器材批发	194.92	4.88	210.07	113.85	91.25	52.34	143.60
医药及医疗器材批发	209.54	15.00	617.20	477.12	32.98	112.60	145.50
矿产品、建材及化工产品批发	3056.40	138.21	3513.80	1324.90	338.47	353.10	691.60
机械设备、五金产品及电子产品批发	376.71	9.61	1094.20	1033.90	215.61	743.20	958.80
贸易经纪与代理	90.01	10.40	149.23	25.87	7.69	16.84	24.53
其他批发业	88.05	13.25	135.40	43.54	12.55	10.31	22.86

资料来源：国家统计局贸易外经统计司. 大中型批发零售和住宿餐饮企业统计年鉴 [M]. 北京：中国统计出版社, 2017.

从表3.6可以看出，在多数批发业中，各所有制类型的资本构成呈国家资本高于个人资本高于或略微少于外资的分布。其中，矿产品、建材及化工产品批发中国家资本均显著地超过了个人资本和外资，外资占比最少，只占个人资本的一半；在纺织、服装及日用品专门零售中外资占比最多，而国家资本占比最少；在医药及医疗器材批发中个人资本占比最高，超过了国家资本和外资的总和；在机械设备、五金产品及电子产品批发中个人资本与外资占比相当，均超过了国家资本的占比。

零售业各子行业实收资本及构成如表3.7所示。

表 3.7   **零售业各子行业实收资本及构成**   单位：万元

项目	国家资本	集体资本	法人资本	个人资本	港澳台资本	外商资本	外资总计
综合零售	194.41	113.56	1025.8	410.37	313.74	314.30	628.10
食品、饮料及烟草制品专门零售	32.78	6.76	84.78	74.41	12.73	3.04	15.77
纺织、服装及日用品专门零售	35.38	3.00	232.47	86.54	129.28	95.78	225.10
文化、体育用品及器材专门零售	128.24	2.81	77.61	61.94	13.10	35.18	48.28
医药及医疗器材专门零售	88.84	13.52	170.75	194.71	6.25	0.92	7.17
汽车、摩托车、燃料及零配件专门零售	744.24	133.11	2010.90	1064.40	160.05	61.38	221.40
家用电器及电子产品专门零售	2.85	7.85	247.72	203.42	19.12	20.81	39.93
五金、家具及室内装饰材料专门零售	7.32	3.59	56.04	82.46	7.17	53.63	60.80
货摊、无店铺及其他零售业	44.94	7.26	121.01	68.57	72.01	16.75	88.76

资料来源：国家统计局贸易外经统计司. 大中型批发零售和住宿餐饮企业统计年鉴［M］. 北京：中国统计出版社, 2017.

从统计数据中可以看出，在综合零售、货摊、无店铺及其他零售业以及纺织、服装及日用品专门零售这三种零售业中外资占比最多而国家资本占比最少；在食品、饮料及烟草制品专门零售，医药及医疗器材专门零售，汽车、摩托车、燃料及零配件专门零售，以及五金、家具及室内装饰材料专门零售这四种零售业中均表现为个人资本占比最多而外资占比最少；在家用电器及电子产品专门零售中，个人资本占比最多，并且外资占比超过了国家资本占比；在所有零售行业中只有文化、体育用品及器材专门零售的国家资本占比最多，个人资本与外资占比相当。与批发业对比来看，国家资本在批发业中表现得更为强势，而零售业则是外资和个人资本的比例更为突出。而如果不细分行业来看资本构成，则不论在批发业还是零售业，都是国家资本高于个人资本高于外资的分布情形。

3.3.4 上市流通企业的所有制分布

以上是从流通产业层面考察了不同所有制经济成分的分布情况，本节将进一步基于流通企业的微观数据对当前的所有制分布情况进行梳理。我们根据全球行业分类标准（GICS）选取了批发和零售贸易行业中共188家国内流通上市企业，涉及的批发业和零售业的多个细分行业。其中，通过查询各企业工商信息可以获知，这些流通企业中主营业务为百货零售的企业最多，共有57家。①

按照实际控制人划分企业所有制性质，国有控股和民营控股的流通企业分别占37.23%和62.77%，并且绝大多数国有企业以混合所有制形式存在，股权结构较为复杂且经历变化，部分民营企业则从国有商业企业转制而来。这里需要说明的是，由于外资流通企业未在国内上市，因而其微观数据在本书中将无法考察，此外，对于外资流通企业的界定和数据收集存在一定的困难，这是因为：（1）外资流通企业在国内经营的数据采集问题，若非出于同一数据库，与我们这里使用的上市企业数据可能存在口径不一致的问题；（2）外资企业在国内信息披露主要出现在商务部的外商投资的信息平台中，而这个信息系统包含了所有有外资介入的企业，会给出内资/外资分别的投资比例，若只是按"投资比例"划分出外资企业，则会存在一定的不合理性；（3）在工商系统披露的企业信息中查询到的外资商业企业的信息通常是分散至各个门店的经营信息，无法与本书使用的上市企业数据统一口径。

根据样本数据可知，在国有流通企业中，主营业务为百货零售的企业有

---

① 资料来源：国家市场监督管理总局国家企业信用信息公示系统。

27 家，数量占全部国有流通企业的 38.57%。主要从事综合供应商业务的有 13 家，占 18.57%，其中，国有企业"物产中大"是唯一一个细分经营领域为供应链集成服务的企业。在民营流通企业中，主要从事商业辅助服务的企业数量最多，共有 36 家，占比为 30.5%；其次为主营百货零售和综合供应商业务的民营企业分别有 30 家和 13 家，数量占全部民营流通企业的 25.42% 和 11.02%。① 可以看出，在上市流通企业中，不同所有制类型的微观主体在主营业务方面存在差异，国有经济通常与对资本、土地等要素需求程度高的经营业务相联系，而民营经济往往在与"服务"相关的商业领域表现得更为活跃。

3.4　本章小结

在本章中，我们先基于马克思主义政治经济学对流通所有制的命题进行相关理论思辨，并结合实践发展与相关统计资料论述了我国流通所有制结构和分布的特征事实。关于流通所有制的理论思辨，本章指出，流通领域内的物质资料不同于生产资料，具有其特殊规定性，主要包括作为劳动对象的商品和作为劳动资料的物质技术装备，流通所有制意指流通过程中物质资料的归属问题，这一问题在实践中反映为流通产业的所有制结构，会同时受到生产力水平和消费力状况的影响。从历史观的角度，本章从流通产业所有制结构的历史演进对我国流通领域的所有制发展脉络进行相关阐述。

在此基础上，借助最新统计数据对目前流通产业内不同所有制的企业数量与规模分布、市场份额分布、资本构成分布等所有制分布现状进行详细描绘，试图从历史演进和实践现状的双重维度勾勒出流通所有制结构和分布特征事实的全貌。可以看出，我国流通产业的所有制结构随着市场经济体系的完善和流通体制改革经历了分阶段、渐进式、逐级演进的曲折发展历程，已彻底打破国有商业"大包大揽"的局面，在流通领域逐渐形成了多种经济成

---

① 资料来源：笔者整理计算得到。

分并存的多元化格局。目前，我国流通产业中的确存在国有、民营和外资等多种所有制共同参与竞争的市场环境。对于不同所有制经济成分来说，经过一系列改制、改组和改造过程，国有经济尽管在企业绝对数量方面在现阶段低于本土私营企业，但总体而言，其在人员规模、市场份额以及资本构成等方面的占比仍在流通领域维持较高的比重，尤其在批发业中，国有资本相对发挥着更大的作用；本土私营经济的总量规模十分可观，但平均来看，民营企业仍存在着规模不足、组织化程度较低等问题；无论从哪一分布现状的角度，流通部门的集体经济成分的占比目前都处于很低的水平，公有制商业中集体经济实现形式衰退的问题值得关注；商业对外开放以来，外资经历了一系列进入、退出和趋于稳定等过程，当前流通领域港澳台商、外商等外资企业占据了一定的规模与市场份额，尤其对于零售业而言，外资商业的平均市场份额相对较高。

| 第4章 |

不同所有制流通企业的效率评价

如前所述，在社会主义市场经济条件下，流通部门为顺利开展商品购销活动，必然会占用和耗费一定的物力、财力和人力等经济社会资源，如何有效配置和利用这些资源以实现企业自身的微观经济效益是各种经济类型的流通企业都要面对的基本问题。从国民经济各个部门或各种经济活动的共同规定性来说，经济效益或效率考察的是经营主体"所得"和"所费"的综合权衡，即通过经济活动过程所取得的有用成果与为实现预期所占用或耗费的劳动之间的比较。因此，经济效益具有一般规定性的表达，如下：

$$经济效益 = \frac{产出}{投入} = \frac{劳动有用成果}{劳动占用与消耗}$$

在流通领域，其经济效益也符合上述内涵。与此同时，由于不同领域的经济主体从事或参与形式各异的经济活动，流通企业的经济效益则会在"所得"（即产出）和"所费"（即投入）方面体现出不同的具体内容。下面涉及与投入产出具体形式相关的指标选取时将会具体论述。

4.1 财务指标评价

过去有学者通过比较工业行业中不同所有制企业的规模和绩效发现，尽管国有工业企业的平均资产规模、营业收入、利润总额和应交税费等总量指标方面都远高于私营企业，但从各项财务指标来看，国有工业企业的微观效率和经济效益表现却均不如私营企业（戚聿东和张任之，2018）。以净利润与净资产的比重所计算的净资产收益率衡量单位资产的盈利能力，2006～2017 年，私营工业企业的净资产收益率始终高于国有企业，私营和国有企业的年平均净资产收益率分别为 22.51% 和 10.83%，国有企业资产盈利能力不足民营企业的一半。从总资产贡献率这一指标来看，国有及国有控股工业企业的总资产贡献率在小幅波动中略有下降，年平均值为 12.6%，而私营企业的这一指标在此期间呈稳步上升态势，平均达到 19.31%，说明资金占用的经济效益在国有和非国有工业企业之间的差距正逐渐扩大。以成本费用利润率的经济指标来衡量，两者每年的工业成本费用利润率差距并不大，国有工业企业的平均成本费用利润率为 6.91%，略逊于私营企业的 7.56%。[①] 从这些指标可以看出，尽管国有工业企业通过战略性重组使自身规模不断扩大，但其总体盈利能力并未得以相应提升。总体来说，私营工业企业的经营管理能力和资产获利能力平均而言都显著好于国有企业，在工业领域，国有经济的效率和效益都落后于非国有经济。

那么，这一状况是否也在流通领域成立？我们通过简单地对流通业和工业的以上相同的经济指标进行横向对比发现，国有与非国有经济在流通业的表现正好与工业相反。比较 2006～2017 年不同所有制控股流通企业的净资产收益率、总资产贡献率和成本费用利润率，平均而言，国有流通企业的经济效益反而优于私人控股的流通企业。在批发行业中，国有和民营批发企业在这段时间的平均净资产收益率分别为 17.1% 和 16.66%，总资产贡献率分别为 14.04% 和 8.96%，成本费用利润率分别为 3.45% 和 2.19%。在零售行业中，国有及国有控股零售企业在此期间的年平均净资产收益率为 13.19%，高于民营零售企业的 12.15%；总资产贡献率指标在国有和民营零售企业中的表现分别为 11.39% 和 9.35%；国有零售企业的成本费用利润率在 2006～2017 年始终高于私有制企业，国有企业和民营企业的年平均成本费用利润率分别为 3.28% 和 2.06%。[②] 可以看出，尽管流通行业国有与非国有经济的绩

---

①②　笔者根据 2006～2017 年《中国统计年鉴》整理计算得到。

效差距并没有工业中的差距显著，但国有企业和私营企业的效益对比在流通业和工业中的表现呈现相反趋势。这也从侧面说明了不能不区分行业地、笼统地对国有或非国有经济成分效率进行评判，有必要单独对流通领域中不同所有制企业的经济效益情况进行全面刻画。接下来，我们先从主要财务指标方面对不同所有制流通企业的经济效益作出评价。

批发业和零售业的主要财务指标分别如图 4.1 和图 4.2 所示，图中左右依次为限额以上和大中型两种规模口径。从财务数据中可以看出，不同经济成分控股的流通主体在各指标测度和时间变动趋势上表现出异质性。这里主要考察官方统计数据所披露的以下四个经济效益指标：主营业务毛利率、人均主营业务收入、费用率和负债率。①

由于主营业务毛利率与费用率的变化趋势比较类似，通过检验发现，两者之间的 Spearman 相关系数在流通产业内均大于 0.84 并且都通过了 1% 的显著性水平的双尾检验。这意味着对流通部门来说，毛利的增长在一定程度上伴随着费用的增加。因此，我们先将这两个财务指标在不同所有制流通企业之间进行对比。

无论在批发业还是在零售业中，港澳台商及外商控股企业的主营业务毛利率和费用率都明显高于其他所有制企业。这一差距在 2005 ~ 2010 年的大中型零售业中表现得并不明显，这可能是因为内外资零售巨头在这一时期的竞争策略差异化不大。从费用率的角度，其费用由销售费用、管理费用和财务费用构成，其中销售费用是流通企业是除商品购进成本以外的主要成本来源之一，共占主营业务成本的 10% 以上。前面提到，外资流通商进入中国最主要的业态形式之一是连锁大卖场，在促销活动、广告宣传、门店管理等方面的账面经营成本往往较高，尽管这不排除外资流通企业存在为减轻企业税负而转移利润的动机，总体上可以认为其费用支出占比通常高于内资企业（刘似臣和白文昭，2012）。数据显示，外资批发和零售企业的费用率都在内资企业的 2 倍左右。在表现出高费用率的同时，外资控股的流通企业还伴随有相对较高的主营业务毛利率，呈现"高费用、高毛利"的局面。

① 笔者根据 2007 ~ 2018 年《大中型批发零售和住宿餐饮企业统计年鉴》整理计算得到。

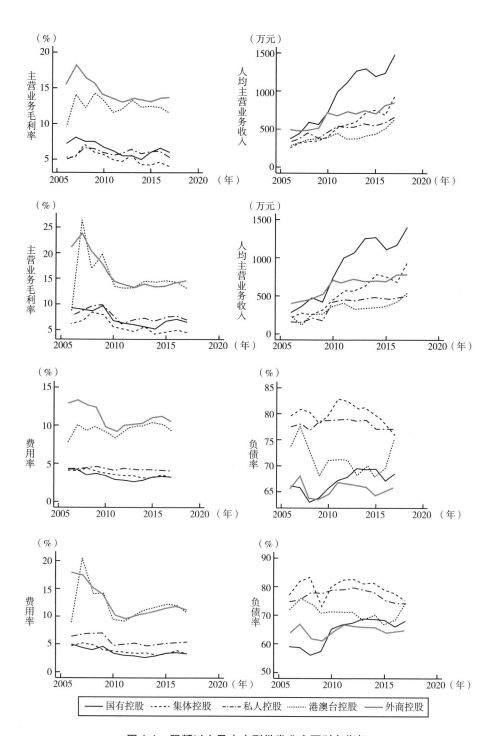

图 4.1 限额以上及大中型批发业主要财务指标

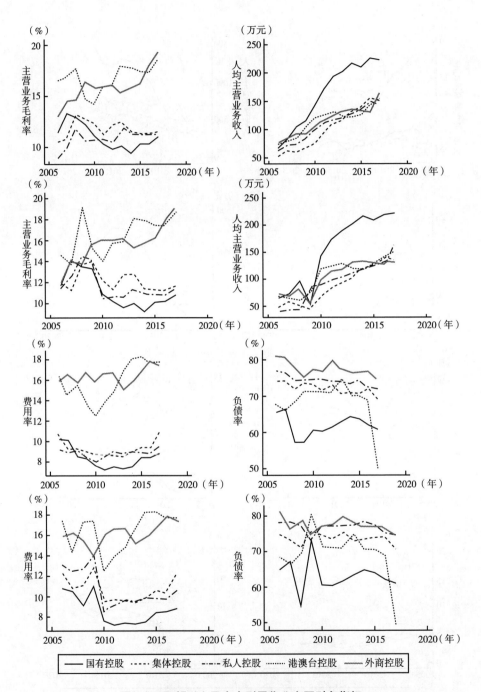

图4.2 限额以上及大中型零售业主要财务指标

原因在于，除去费用支出，流通企业最大的成本支出来自商品的采购价格，较高的毛利率体现出外资流通商在费用高企的同时能够较好地控制这一部分的购进成本，这反映了外资商业在中国市场上更强的供应商定价能力。在内资方面，不同所有制流通企业的毛利和费用情况相差不大，差距仅在 1～2 个百分点，这里我们主要对国有和私人控股企业的变动趋势进行比较。在考察期内，私人控股的批发企业主营业务毛利率都保持在一个相对平稳的波动水平，而国有批发企业则呈现毛利率先降后升的趋势：限额以上国有批发企业的毛利率在大多数年份高于私营批发商，仅在 2012～2015 年处于略低的毛利率水平；对大中型批发商来说，前期国有企业的毛利率不低于私营企业，在经过一段时间的缓慢下降后又逐渐与私营企业趋同。在 2011 年之前，私人控股零售商的主营业务毛利率不高于国有零售商，而后随着国有零售商毛利率的下降及回升，两者在短时期内拉开一定差距后又开始逐渐缩小差距。同时，国有批发及零售企业的费用率大体上都保持在低于私有制企业的水平。从这两项财务指标可以看出，内资不同所有制流通企业在主营业务收益和费用支出方面的差距并不明显，相对零售业而言，批发业不同所有制之间的差距则相对更小。尽管国有流通商在毛利率方面并没有始终优于私营企业，但在控制费用方面，国有商业表现出的优势更为明显，从一定程度上反映了其可持续竞争力。

从人均主营业务收入来看，主营业务收入能够体现企业的盈利规模，与此同时，相较于工业生产性企业，流通企业的劳动力要素往往发挥更大的作用，因此，流通业的这一财务指标通常可以反映出商业劳动要素的创收能力。无论是绝对量还是增长速率，国有批发和零售企业的人均主营业务收入总体上都显著高于其他所有制类型。2006～2017 年，国有流通企业人均主营业务收入增长了 200% 以上。2017 年限额以上国有批发商人均主营业务收入分别是集体控股、私人控股、港澳台控股和外商控股企业的 1.59 倍、2.24 倍、2.36 倍和 1.75 倍；限额以上国有零售商的这一指标也在其他所有制企业的 1.5 倍左右。[①] 其他经济类型的内外资控股企业在这

---

① 笔者根据 2007～2018 年《大中型批发零售和住宿餐饮企业统计年鉴》整理计算得到。

一指标方面的表现差距并不大。通过对比不同流通所有制人均主营业务的数据及变化趋势，可以看出，国有商业在收入规模和劳动资源配置方面具有一定的优势。

最后，负债率水平通常反映企业负债占总资产的比例，是衡量企业负债情况和融资风险的综合指标。在批发业中，集体和私人控股企业的资产负债率高于国有和外资企业，考察期内的这一指标值始终超过70%的负债"警戒线"。在外资批发商中，较外商控股企业而言，港澳台商控股企业的负债率更高，平均负债率在73%左右。限额以上国有和外商控股批发商的负债率较为接近，平均负债率分别为64.68%和65.15%。大中型国有批发企业的平均负债率为57.8%，低于外商控股企业的63.55%，并且从趋势来看，前者在2010年之前保持着低于后者的负债率，而在2010年后国有批发商业的负债率超过了外商企业的水平。在零售行业中，负债率水平相对更高的流通所有制类型依次为外商、私人和集体控股零售企业，这三种经济类型的零售商负债率均保持在70%以上。其中，限额以上外商控股零售企业的负债比重始终超过其他所有制企业。尽管高负债率可以体现企业通过举债经营以扩大市场规模的愿景，但从另一个角度来说，对于自有资产比率不足30%的所有制企业来说，其可能会面临较高的财务负担和信用风险，从而导致利润侵蚀和损失，甚至发生由资金链断裂所引发的破产等。外商零售企业负债高企也可以从侧面反映其占用或拖欠供应商资金的普遍做法。在负债率相对较低的流通所有制中，国有和港澳台资零售商的平均负债率分别在63%和69%左右，除去2017年港澳台控股零售企业的负债率大幅下降至50%以下，国有零售企业历年以来的负债率水平始终低于其他经济类型的零售企业。总体来说，国有流通企业在投融资管理、财务风险控制等方面有相对较好的经济表现。[①]

以上流通所有制的财务指标反映出在不同所有制流通企业中，国有企业在人均主营业务收入方面的规模及增长态势总体上超过了其他所有制企业，并且在费用率和负债率等成本、风险控制方面的财务表现也相对更好。尽管

---

① 笔者根据2007~2018年《大中型批发零售和住宿餐饮企业统计年鉴》整理计算得到。

在主营业务毛利率方面，国有流通企业未能超过外资商业，但在内资范围内，其毛利率水平并不输其他类型的内资企业。从各种财务指标来看，国有流通主体的综合经济效益总体较好，因此，我们不应该盲目作出流通领域国有经济"低效率"或"无效率"的论断。同时，由于财务评价并不能综合、全面地说明不同流通所有制的效率水平，我们接下来有必要进一步运用严谨的效率或生产率测算方法对流通产业的相关数据进行处理和测算。

4.2　基于三阶段 DEA-Malmquist 模型的流通所有制效率测算

4.2.1　方法介绍

数据包络分析（Data envelopment analysis，DEA），是 1978 年由美国运筹学家查恩斯（Charnes）、库珀（Cooper）和罗德（Rhodes）最早提出的一种是用于评估具有相同类型的决策单元（Decision-Making Units，DMU）的效率和生产率的非参数线性规划方法，后来被称为"CCR（Charnes-Cooper-Rhodes）模型"（以三位联合作者姓氏的首字母命名）。该模型假设生产技术的规模报酬是不变的，或者说假设所有被评估的 DMU 都处于最佳生产规模阶段，即规模报酬恒定的阶段。但在实际的经济活动中，许多生产单元并没有处于最优生产规模状态，因而得出 CCR 模型所得到的技术效率实际上包含了规模效率的成分。1984 年，BCC（Banker-Charnes-Cooper）模型作为估计规模效率的 DEA 模型被提出，基于可变规模报酬假定，该模型最终可以得到排除规模效应的纯技术效率。

DEA 方法在有效评价具有可比性的多个投入产出指标方面具有天然的优势，因此，本书将首先采用 DEA 方法对不同所有制控股的流通企业效率作出评价，评价系统如下：

$$\begin{cases} \min\left[\theta - \delta\left(\sum_{i=1}^{n} s_i^{-} + \sum_{l=1}^{m} s_l^{+}\right)\right] \\ \sum_{j=1}^{I} x_{ij}\lambda_j + s_i^{-} = \theta x_{ik} \\ \sum_{j=1}^{I} y_{lj}\lambda_j - s_l^{+} = y_{lk} \\ \sum_{j=1}^{I} \lambda_j = 1 \\ \lambda_j, s_i^{-}, s_l^{+} \geqslant 0, j = 1,2,\cdots,m \end{cases}$$

其中，$x_{ij} \geqslant 0$ 且 $y_{lj} \geqslant 0$，分别表示第 j 个决策单元的第 i 项投入量和第 l 个产出项，λ_j 是以 θ 为规划目标值的规划决策变量，模型还引入 δ 作为任意非阿基米德无穷小量，向量 s_i^{-} 和 s_l^{+} 是代表非负参数的松弛变量。当 $\theta = 1$ 且松弛变量 s^{-} 和 s^{+} 均为零时，可以认为决策单元处在生产前沿面，是有效率的；当 $\theta = 1$ 且 s^{-} 和 s^{+} 均不为零时，决策单元是弱 DEA 有效；而在 $\theta < 1$ 的情形下，决策单元则将被判定处于无效率的区间范围。CCR 模型与 BCC 模型之间的区别即在于是否放松"$\sum_{j=1}^{I} \lambda_j = 1$"假设。

需要指出的是，由于以上标准 DEA 模型得到的最大效率值为 1，在此相同的效率值上无法进一步区分各有效决策单元的效率水平。为了解决这一问题，安德森和彼得森（Andersen and Petersen，1993）提出了一种可以进一步区分有效 DMU 效率水平的方法，即超效率 DEA 模型。本书将提供按所有制划分的流通产业的超效率评价结果。

经常与 DEA 模型结合使用的是 Malmquist 指数法，主要被用于测度效率或生产率的跨期变化，是基于同一时期两个不同的前沿面衡量决策单元动态效率的重要方法（Fare，1992）。一般表达式为：

$$M(x^{t+1}, y^{t+1}, x^t, y^t) = \left[\frac{D^t(x^{t+1}, y^{t+1})}{D^t(x^t, y^t)} \times \frac{D^{t+1}(x^{t+1}, y^{t+1})}{D^{t+1}(x^t, y^t)}\right]^{\frac{1}{2}}$$

由 Malmquist 指数衡量的全要素生产率（TFP）可以分解为技术效率指数（TE）和技术进步指数（TC），其中技术效率指数（TE）又可以被进一步分解为纯技术效率指数（PEC）和规模效率指数（SEC）。令 $TE = \dfrac{D^t(x^{t+1}, y^{t+1})}{D^t(x^t, y^t)}$，

$TC = \left[\dfrac{D^t(x^{t+1}, y^{t+1})}{D^{t+1}(x^{t+1}, y^{t+1})} \times \dfrac{D^t(x^t, y^t)}{D^{t+1}(x^t, y^t)} \right]^{\frac{1}{2}}$，可知：

$$TFP = TE \times TC = (PEC \times SEC) \times TC$$

(x^t, y^t) 和 (x^{t+1}, y^{t+1}) 分别是 t 和 $t+1$ 时期对投入产出向量，若由此计算的 Malmquist 指数大于 1 时，表示 TFP 相较于前一时期提高；反之当小于 1 时，则表示 TFP 相对于前一时期下降。TE 和 TC 大于 1 分别代表效率提升和技术进步。

为提高效率测算结果的客观性，我们考虑在以上方法的基础上按照三阶段 DEA 模型（Fried et al.，1999，2002）对剔除外部环境因素的流通所有制效率进行测算。基于投入导向，将第一阶段计所得到的投入松弛变量 $[x - X\lambda]$ 对环境变量和混合误差项进行回归，构造类似随机前沿分析（SFA）回归函数如下：

$$S_{ij} = f(Z_j, \beta_i) + u_{ij} + v_{ij}, i = 1, 2, \cdots, N; j = 1, 2, \cdots, m$$

其中，S_{ij} 是第 j 个决策单元的第 i 项投入的径向与非径向松弛之和，Z_j 和 β_i 分别表示环境变量及其对应系数。管理无效率项 u_{ij} 和随机扰动项 v_{ij} 共同构成了混合误差项，其中 u_{ij} 表示企业管理因素对初始投入所对应的松弛变量的影响，且服从零点截断的半正态分布 $u_{ij} \sim N^+(0, \sigma_u^2)$，随机扰动项 v_{ij} 服从正态分布 $v_{ij} \sim N(0, \sigma_v^2)$，表示随机误差方面难以预估的影响。定义 $\gamma = \dfrac{\sigma_u^2}{\sigma_u^2 + \sigma_u^2}$，当 $\gamma \to 0$ 时，意味着管理无效率在模型中可忽略不计，此时可直接对模型进行普通最小二乘法估计而无须使用 SFA 回归。在模型通过检验的基础上，利用得到的估计结果对初始投入值进行调整，调整后的投入变量如下：

$$X_{ij}^A = X_{ij} + \left[\max(f(Z_j, \hat{\beta}_i)) - f(Z_j, \hat{\beta}_i) \right] + \left[\max(v_{ij}) - v_{ij} \right]$$

由此得到的 X_{ij}^A 仅保留了管理无效率项的因素，能够反映决策单元在同一外部环境中对投入的利用效率及管理水平。

在实际操作层面，首先，在第一阶段利用 DEAP2.1 软件分别对各年份

批发业和零售业的投入产出指标进行流通所有制效率分析，得到不同所有制流通企业的综合技术效率值、纯技术效率值和规模效率值。其中综合技术效率作为后两者的乘积，是反映决策单元对资源使用和配置的综合效率指标。纯技术效率是由企业技术、管理、制度等因素所决定的生产率水平；规模效率则是技术效率一定时实际规模与最优规模之间的差距。其次，基于 Python + Gurobi 工具包对相应的超效率值作出评价。在此基础上，考虑到外部环境及混合误差项的影响，模型的第二阶段将借助 Frontier4.1 软件，通过类似 SFA 方法分离出环境因素、随机噪声和管理无效率项，从而对各决策单元的投入变量进行调整。最后，对调整后的投入产出变量再次进行 DEA 效率分析，由于此时相当于把所有决策单元都置于相同的外部环境中，由此得到的效率结果更为可靠。

4.2.2　数据来源和指标选取

本书这一部分所使用到的数据是基于流通产业层面数据，来自 2000～2019 年《中国贸易外经统计年鉴》。该统计数据提供了 1999～2018 年 20 年间按不同登记注册类型划分的批发业和零售业的经营情况，主要分为内资企业、港澳台商投资企业和外商投资企业，其中内资企业又细分为国有、集体和私营等不同所有制类型。我们将国有企业、国有联营企业、国有与集体联营企业、国有独资企业统一划定为国有企业，将集体企业和集体联营企业置于集体企业的范畴。需要说明的是，尽管这一统计年鉴囊括的商业数据最早可追溯至 1989 年，但是出于以下两个原因只考虑选用 1999 年后的数据：（1）从 1999 年开始，国民经济体系中对服务业的生产核算才将批发业和零售业分别独立统计，在此之前是则按照批发与零售贸易业作为"社会商业"进行整体核算；（2）1998 年及以前，并未对批发业和零售业的统计口径进行限制，而在此之后，对企业进行了"限额以上"的规定，统计范围仅限"2000 万元及以上年销售额，20 人及以上从业人数"的批发企业以及"500 万元及以上年销售额，60 人及以上从业人数"的零售企业。

遵循指标选取的科学性原则，在考虑流通产业经济效率内涵的基础上，将选取反映批发业和零售业商业活动的投入产出指标以及反映不受主观因素控制的环境变量作为测算不同所有制流通企业效率值的指标体系，具体如表 4.1 所示。

表 4.1　　　　　　　　　　流通产业投入产出指标体系

准则层	指标层	衡量方式	变量标识
投入指标	商品购销投入	商品购进总额	*Merchandise*
	资本要素投入	资产存量	*Invest*
	劳动要素投入	年末从业人数	*Employee*
产出指标	商品购销产出	商品销售总额	*Sale*
	利润产出	主营业务利润	*Profit*
环境指标	国民经济发展水平	人均国民生产总值	*GDP_per*
	居民消费总量	人均社会消费品零售总额	*TRS_per*
	市场化程度	每十万人平均非国有单位就业人数	*Marketize*
	外资利用情况	实际利用外资占国民生产总值比重	*FDI*
	互联网覆盖率	每十万人互联网上网人数	*Internet*

首先是投入产出变量，由于流通企业不同于一般性生产企业，其本身并不从事传统的生产活动，而是发挥着媒介成商品交换的流通职能，因而衡量流通领域不同所有制主体投入产出活动的指标与工业生产部门略有差异。测算流通业的经济效率或生产率不仅要考虑到传统意义上反映产出增长的成本收益变量，还要包含能够反映流通本质规定性的商品购销活动等经济因素。

借鉴王晓东和丛颖睿（2016）的做法，选取商品购进量、资产存量和年末从业人数来衡量我国不同所有制流通企业的投入水平。其中商品购进总额（*Merchandise*）反映批发和零售贸易行业为了转卖或加工后转卖而购进的商品数额，资产存量（*Invest*）和年末从业人数（*Employee*）则分别体现流通部门在资本要素和劳动要素两方面的投入。对于资本要素投入，过去学者在研究流通产业投资相关问题时经常使用的指标为实收资本（陈福中和刘向东，2012）、固定资产投资（王晓东和丛颖睿，2016）或资产总计（黄雨婷，2017）等。但从经济变量的角度来说，资本存量作为度量某一时点上经济主体实际掌握的物质手段，更加能够反映其现有技术水平和经营规模，使用在测算生产率方面更为合适，故而采用流通业分所有制类型的物质资本存量。

由于官方统计数据提供的是固定资产原价而非资本存量，这里通过永续盘存法（张军等，2004）对其进行估算，基本公式为：

$$K_{i,t} = (1 - \delta_{i,t})^t K_{i,0} + \sum_{j=i}^{t} I_{i,j} (1 - \delta_{i,t})^{t-j} = (1 - \delta_{i,t}) K_{i,t-1} + I_{i,t}$$

其中，$K_{i,t}$ 和 $K_{i,t-1}$ 年分别表示流通所有制 i 第 t 年和第 $t-1$ 年的实际资本存量，$\delta_{i,t}$ 表示资本折旧率，$I_{i,t}$ 则是所有制 i 第 t 年的不变价投资量。对于初始物质资本存量的确定，存在许多不同的估算方法，这里我们将按照哈勃格（Harberger，1978）提出的基于"不变资本产出比"假定的稳态起点法对其进行估计，公式表达如下：

$$K_{i,t-1} = \frac{I_{i,t}}{\delta_{i,t} + g_{i,t}}$$

其中，折旧率 $\delta_{i,t}$ 同上，但其取值在已有文献中并没有一个统一标准，麦迪逊（Maddison，1998）、王小鲁（2000）、龚六堂和谢丹阳（2004）、吴延瑞（Wu，2009）、章迪平（2017）等将平均资本折旧率假定为 4% ~ 10%。这里，我们参照吴延瑞（Wu，2009）、巴罗和李钟和（Barro and Lee，2012）以及王恕立和胡宗彪（2012）在计算中国服务业生产率时的做法，将 $\delta_{i,t}$ 的值设置为 4% 的水平。$g_{i,t}$ 则代表一定时期内产出的平均增长率，对应地采用批发和零售业实际增加值在不同考察期内的年均增长率。当年投资量 $I_{i,t}$ 通常是以固定资本形成总额或资本形成总额（刘兴凯和张诚，2010）衡量，但由于无法获得流通业细分所有制类型的资本形成相关数据，与杨勇（2008）、章迪平（2017）等做法一致，我们在此采用分所有制的流通业当年固定资产投资额代替，并将其全都根据固定资产投资价格指数进行相应的不变价折算。

从理论上来说，应该从数量和质量（劳动效率）等方面综合考察劳动要素投入（Zheng et al.，2009；Fox and Smeets，2011），但囿于数据的可得性，我们无法对劳动投入的相关数据进行基于劳动质量的调整，因而直接选取各种所有制流通企业的年末从业人数作为劳动要素投入代理变量。

关于产出指标的选取，马哈德万（Mahadevan，2000）、王恕立和胡宗彪（2012）等在研究服务业生产率时都延续了传统制造业的做法，将产业增加值作为产出的代理变量。尽管流通业增加值较易获得，但很难获取其按不同所有制划分的产值数据。因此，本书拟立足于流通业特点，对应上述投入指标的选择逻辑，将产出指标的选取范围聚焦于衡量流通企业的商品购销能力方面。产出指标包括商品销售额和主营业务利润两种类别，商品销售总额（*Sale*）作为衡量流通企业在商品买卖方面总体经营水平的产出代理变量，同时选取企业利润的主要构成部分——主营业务利润（*Profit*）来反映流通企业的实际盈利能力。

在外部环境指标的选择方面，我们需要结合国民经济和流通产业实际发展情况，选取一系列既有可能影响不同流通所有制经济效率但同时又不受企业主观因素制约的变量。由于流通业的发展与宏观经济各个层面的发展都有着密不可分的联系，过去的研究认为，与流通业或服务业相关的环境变量既包括经济总量、市场结构等总体环境，还包括与体制改革、对外开放等产业政策密切相关的行业特征变量。因此，综合考虑的外部环境因素将包括以下几个层面：国民经济发展水平、居民消费总量、市场化程度、外资利用情况和互联网覆盖率。其中，（1）经济发展水平以人均国民生产总值（*GDP_per*）来衡量，通常来说流通业的规模和效率都与国民经济的整体实力紧密相关；（2）居民消费总量从很大程度上体现了我国居民的实际消费需求和消费能力，此处用人均社会消费品零售总额（*TRS_per*）作为其代理变量；（3）由于本书关注国有和非国有等各类流通所有制之间的效率比较问题，因而还将引入每十万人平均非国有单位就业人数（*Marketize*）来衡量流通主体所处环境的市场化程度；（4）港澳台商和外商投资流通企业也在测算范围之内，我们选择实际利用外资占国民生产总值比重（*FDI*）作为开放市场环境中的外资利用指标；（5）除此之外，随着互联网在现代商业中的渗透逐渐加深，互联网覆盖比率也是重要的外部环境变量之一，该指标以每十万人互联网上网人数（*Internet*）衡量。以上指标中涉及的所有经济变量均作可比价格处理，在传统 DEA 模型的基础上剔除这些环境变量对投入要素的影响，对不同所有制流通企业效率进行重新测度。

DEA 方法使用的前提要求投入和产出指标须符合同向性（isotonicity）原则，即决策单位之任何投入的增加不应导致产出量的减少（Golany and

Roll, 1989)。如表 4.2 所示，我们运用 Spearman 相关性检验得到批发业和零售业投入产出指标之间的相关系数及其各自的显著性水平。结果表明，投入和产出指标符合上述同向性假定，两者之间的两两相关系数均为正并且在 1% 的水平上显著。

表 4.2   流通产业投入产出指标的 Spearman 相关系数

投入产出		商品购进总额	资本存量	年末从业人数
商品销售总额	批发业	0.999 ***	0.873 ***	0.802 ***
	零售业	0.989 ***	0.842 ***	0.895 ***
主营业务利润	批发业	0.961 ***	0.777 ***	0.679 ***
	零售业	0.872 ***	0.791 ***	0.798 ***

注：*** 表示在 10% 的水平上显著。

4.2.3   第一阶段基于初始投入产出的效率测算

我们先在第一阶段利用传统的 DEA 模型对流通业的初始投入和产出进行效率测算，由此得到的 1999 ~ 2018 年不同所有制批发企业和零售企业的综合技术效率、纯技术效率和规模效率以及进一步得出的超效率值分别如表 4.3 和表 4.4 所示。

表 4.3   1999 ~ 2018 年不同所有制批发企业效率值

所有制类型	年份	综合效率	技术效率	规模效率	规模收益	超效率评价结果
国有企业	1999	1.000	1.000	1.000	—	1.030
	2000	1.000	1.000	1.000	—	2.829
	2001	0.874	1.000	0.874	irs	0.874
	2002	0.918	0.960	0.956	irs	0.918
	2003	0.909	0.994	0.914	irs	0.909
	2004	0.953	0.976	0.976	irs	0.953
	2005	1.000	1.000	1.000	—	1.069
	2006	0.945	0.953	0.992	irs	0.945
	2007	1.000	1.000	1.000	—	1.040
	2008	1.000	1.000	1.000	—	1.126

所有制类型	年份	综合效率	技术效率	规模效率	规模收益	超效率评价结果
国有企业	2009	1.000	1.000	1.000	—	1.024
	2010	1.000	1.000	1.000	—	1.108
	2011	0.974	1.000	0.974	drs	0.974
	2012	1.000	1.000	1.000	—	1.005
	2013	1.000	1.000	1.000	—	1.016
	2014	0.972	1.000	0.972	drs	0.972
	2015	0.965	0.965	1.000	—	0.965
	2016	0.996	0.996	1.000	—	0.996
	2017	1.000	1.000	1.000	—	1.027
	2018	1.000	1.000	1.000	—	1.018
集体企业	1999	0.851	0.857	0.993	irs	0.851
	2000	0.836	0.838	0.997	irs	0.836
	2001	0.832	0.833	0.998	irs	0.832
	2002	0.846	0.847	0.999	irs	0.846
	2003	0.823	0.824	0.999	irs	0.823
	2004	0.840	0.841	0.999	irs	0.840
	2005	0.844	0.844	1.000	—	0.844
	2006	0.830	0.830	1.000	—	0.830
	2007	0.724	0.724	1.000	—	0.724
	2008	0.889	1.000	0.889	drs	0.889
	2009	0.867	0.878	0.988	drs	0.867
	2010	0.870	0.915	0.952	drs	0.870
	2011	0.865	0.970	0.892	drs	0.865
	2012	0.847	0.913	0.927	drs	0.847
	2013	0.864	1.000	0.864	drs	0.864
	2014	0.865	0.984	0.880	drs	0.865
	2015	0.869	0.962	0.903	drs	0.869
	2016	0.858	0.957	0.897	drs	0.858
	2017	0.857	0.965	0.888	drs	0.857
	2018	0.886	1.000	0.886	drs	0.886

所有制类型	年份	综合效率	技术效率	规模效率	规模收益	超效率评价结果
私营企业	1999	0.958	1.000	0.958	irs	0.958
	2000	0.878	0.919	0.955	irs	0.878
	2001	0.855	0.872	0.980	irs	0.855
	2002	0.850	0.857	0.992	irs	0.850
	2003	0.932	0.936	0.996	irs	0.932
	2004	0.922	0.924	0.997	irs	0.922
	2005	0.917	0.919	0.998	irs	0.917
	2006	0.894	0.896	0.998	irs	0.894
	2007	0.894	0.895	0.999	irs	0.894
	2008	0.956	0.957	0.999	irs	0.956
	2009	0.947	0.947	0.999	irs	0.947
	2010	0.944	0.944	0.999	irs	0.944
	2011	0.928	0.928	1.000	—	0.928
	2012	0.926	0.926	1.000	—	0.926
	2013	0.935	0.935	1.000	—	0.935
	2014	0.936	0.936	1.000	—	0.936
	2015	0.932	0.932	1.000	—	0.932
	2016	0.914	0.914	1.000	—	0.914
	2017	0.909	0.909	1.000	—	0.909
	2018	0.918	0.918	1.000	—	0.918
港澳台商投资企业	1999	0.894	0.894	0.999	irs	0.894
	2000	0.869	0.870	0.999	irs	0.869
	2001	0.837	0.838	0.999	irs	0.837
	2002	0.893	0.895	0.999	irs	0.893
	2003	0.854	0.855	0.999	irs	0.854
	2004	0.839	0.840	0.999	irs	0.839
	2005	0.825	0.826	0.999	irs	0.825
	2006	0.874	0.875	0.999	irs	0.874
	2007	0.856	0.857	0.999	irs	0.856
	2008	0.829	0.830	0.999	irs	0.829
	2009	0.851	0.851	0.999	irs	0.851

续表

所有制类型	年份	综合效率	技术效率	规模效率	规模收益	超效率评价结果
港澳台商投资企业	2010	0.94	0.941	0.999	irs	0.940
	2011	0.856	0.857	0.999	irs	0.856
	2012	0.848	0.849	0.999	irs	0.848
	2013	0.920	0.921	0.999	irs	0.920
	2014	0.871	0.873	0.999	irs	0.871
	2015	0.923	0.924	0.999	irs	0.923
	2016	0.850	0.851	0.998	irs	0.850
	2017	0.890	0.892	0.998	irs	0.890
	2018	0.935	0.937	0.997	irs	0.935
外商投资企业	1999	0.883	0.883	1.000	—	0.883
	2000	0.875	0.875	1.000	—	0.875
	2001	0.866	0.866	1.000	—	0.866
	2002	0.876	0.876	1.000	—	0.876
	2003	0.853	0.853	1.000	—	0.853
	2004	0.868	0.868	1.000	—	0.868
	2005	0.879	0.879	1.000	—	0.879
	2006	0.842	0.842	1.000	—	0.842
	2007	0.883	0.883	1.000	—	0.883
	2008	0.895	0.912	0.981	drs	0.895
	2009	0.892	0.903	0.988	drs	0.892
	2010	0.884	0.928	0.953	drs	0.884
	2011	0.883	0.925	0.955	drs	0.883
	2012	0.899	0.971	0.927	drs	0.899
	2013	0.911	0.992	0.918	drs	0.911
	2014	0.923	1.000	0.923	drs	0.923
	2015	0.918	0.947	0.970	drs	0.918
	2016	0.926	0.952	0.973	drs	0.926
	2017	0.935	1.000	0.935	drs	0.935
	2018	0.962	0.981	0.981	drs	0.962
平均值		0.901	0.920	0.980		0.924

表 4.4   1999～2018 年不同所有制零售企业效率值

所有制类型	年份	综合效率	技术效率	规模效率	规模收益	超效率评价结果
国有企业	1999	0.732	0.740	0.989	irs	0.732
	2000	0.686	0.700	0.981	irs	0.686
	2001	0.687	0.701	0.980	irs	0.687
	2002	0.655	0.670	0.977	irs	0.655
	2003	0.658	0.674	0.977	irs	0.658
	2004	0.662	0.679	0.976	irs	0.662
	2005	0.672	0.687	0.977	irs	0.672
	2006	0.732	0.742	0.987	irs	0.732
	2007	0.836	0.844	0.991	irs	0.836
	2008	0.995	1.000	0.995	drs	0.995
	2009	1.000	1.000	1.000	—	1.111
	2010	0.962	0.966	0.996	irs	0.962
	2011	0.987	1.000	0.987	drs	0.987
	2012	0.950	0.965	0.985	drs	0.950
	2013	0.941	0.999	0.941	drs	0.941
	2014	0.928	1.000	0.928	drs	0.928
	2015	0.924	0.944	0.979	drs	0.924
	2016	0.915	0.925	0.989	irs	0.915
	2017	1.000	1.000	1.000	—	1.062
	2018	0.987	1.000	0.987	irs	0.987
集体企业	1999	1.000	1.000	1.000	—	1.166
	2000	0.841	0.890	0.945	irs	0.841
	2001	0.656	0.742	0.884	irs	0.656
	2002	0.614	0.695	0.884	irs	0.614
	2003	0.626	0.703	0.891	irs	0.626
	2004	0.635	0.712	0.892	irs	0.635
	2005	0.644	0.728	0.885	irs	0.644
	2006	0.643	0.713	0.902	irs	0.643
	2007	0.650	0.713	0.912	irs	0.650
	2008	0.685	0.743	0.922	irs	0.685
	2009	0.779	0.831	0.937	irs	0.779

所有制类型	年份	综合效率	技术效率	规模效率	规模收益	超效率评价结果
集体企业	2010	0.730	0.767	0.952	irs	0.730
	2011	0.771	0.847	0.911	irs	0.771
	2012	0.795	0.881	0.902	irs	0.795
	2013	0.809	0.907	0.892	irs	0.809
	2014	0.862	0.966	0.893	irs	0.862
	2015	0.860	0.966	0.891	irs	0.860
	2016	0.904	1.000	0.904	irs	0.904
	2017	0.791	1.000	0.791	irs	0.791
	2018	0.788	1.000	0.788	irs	0.788
私营企业	1999	0.638	1.000	0.638	irs	0.638
	2000	0.167	0.909	0.183	irs	0.167
	2001	0.039	0.737	0.053	irs	0.039
	2002	0.844	0.934	0.903	irs	0.844
	2003	0.883	0.912	0.968	irs	0.883
	2004	0.921	0.962	0.957	drs	0.921
	2005	0.913	1.000	0.913	drs	0.913
	2006	0.941	1.000	0.941	drs	0.941
	2007	0.930	0.954	0.974	drs	0.930
	2008	0.951	1.000	0.951	drs	0.951
	2009	0.937	0.944	0.992	drs	0.937
	2010	1.000	1.000	1.000	—	1.015
	2011	0.996	0.997	0.999	drs	0.996
	2012	0.988	0.990	0.998	drs	0.988
	2013	0.998	1.000	0.998	drs	0.998
	2014	0.974	1.000	0.974	drs	0.974
	2015	0.964	0.974	0.990	drs	0.964
	2016	1.000	1.000	1.000	—	1.006
	2017	0.924	0.961	0.962	drs	0.924
	2018	0.917	1.000	0.917	drs	0.917

续表

所有制类型	年份	综合效率	技术效率	规模效率	规模收益	超效率评价结果
港澳台商投资企业	1999	0.718	1.000	0.718	irs	0.718
	2000	0.717	0.966	0.742	irs	0.717
	2001	0.716	0.997	0.719	irs	0.716
	2002	0.724	0.938	0.772	irs	0.724
	2003	0.800	0.994	0.804	irs	0.800
	2004	0.872	0.999	0.872	irs	0.872
	2005	0.911	1.000	0.911	irs	0.911
	2006	0.904	0.978	0.924	irs	0.904
	2007	0.897	0.947	0.947	irs	0.897
	2008	1.000	1.000	1.000	—	1.224
	2009	0.953	0.978	0.974	irs	0.953
	2010	1.000	1.000	1.000	—	1.012
	2011	1.000	1.000	1.000	—	1.078
	2012	0.958	1.000	0.958	drs	0.958
	2013	1.000	1.000	1.000	—	1.048
	2014	1.000	1.000	1.000	—	1.025
	2015	0.983	0.984	0.999	irs	0.983
	2016	1.000	1.000	1.000	—	1.005
	2017	0.971	0.971	0.999	drs	0.971
	2018	1.000	1.000	1.000	—	1.151
外商投资企业	1999	0.727	1.000	0.727	irs	0.727
	2000	0.740	1.000	0.740	irs	0.740
	2001	0.746	0.979	0.761	irs	0.746
	2002	0.833	0.967	0.861	irs	0.833
	2003	0.863	0.968	0.892	irs	0.863
	2004	0.870	0.937	0.929	irs	0.870
	2005	0.870	0.915	0.950	irs	0.870
	2006	0.867	0.927	0.935	irs	0.867
	2007	0.841	0.884	0.951	irs	0.841
	2008	1.000	1.000	1.000	—	1.072
	2009	0.954	0.956	0.998	drs	0.954

所有制类型	年份	综合效率	技术效率	规模效率	规模收益	超效率评价结果
	2010	0.987	1.000	0.987	drs	0.987
	2011	1.000	1.000	1.000	—	1.030
	2012	0.473	0.498	0.950	irs	0.473
	2013	0.810	0.830	0.975	irs	0.810
外商投资企业	2014	0.876	0.892	0.982	irs	0.876
	2015	0.749	0.772	0.971	irs	0.749
	2016	0.964	0.997	0.966	drs	0.964
	2017	1.000	1.000	1.000	—	1.009
	2018	1.000	1.000	1.000	—	1.084
平均值		0.842	0.916	0.918		0.853

从第一阶段所测度的批发业效率来看，整体而言，各类所有制企业的效率都不低，平均超效率值达到 0.924，总体仅有不到 8% 的改进空间，并且不同所有制批发商之间的效率差异及各自的波动范围都相对较小。在不考虑外部环境等因素影响的情况下，国有企业相较于其他所有制企业来说达到综合效率前沿面的年份最多，历年平均综合效率值以及相应的超效率值分别为 0.975 和 1.09，超过所有类型批发企业的均值 0.901 和 0.924。而在考察期内，其余经济类型的批发商在综合效率方面都未达到生产前沿面。此外，国有批发商的技术效率与规模效率极为接近，2015 年以前国有批发企业的低效率更多是来自规模效率不高，而 2015 年及以后则反映在纯技术效率的前沿面偏离。这意味着随着流通体制改革，国有批发商通过重组、整合资源等方式逐渐向最优规模靠近，但同时企业制度、管理、技术等方面的问题也开始显现。除了国有经济，内资批发企业中私营企业的效率次之，集体企业最低，两者的平均超效率值分别为 0.973 和 0.848。其中，私营批发商的规模效率于 2002 年开始逐渐接近规模效率前沿面并且在 2011 年后一直维持在规模收益不变，因而其综合效率损失大部分是来自纯技术效率因素。对集体批发企业而言，其综合效率值基本都处于低于其他所有制企业的水平，2007 年及以前集体批发商的低效率主要是因为纯技术效率较低，从 2008 年开始，其规模效率开始偏离前沿面，并且与技术效率呈反向变动。在外资批发商业

中，港澳台商和外商投资企业的平均综合效率分别为 0.872 和 0.893，前者在观测期内的规模效率值始终接近于 1，而后者则仅在 2008 年之前实现最佳经营规模，而后的平均规模效率下降至 0.955，并且从规模收益不变转变为规模收益递减。由此可以看出，港澳台商投资企业综合效率的波动基本上是来自技术或管理上的企业决策与最优决策之间的差距，而对外商投资企业来说，其综合效率与前沿面的偏离在 2008 年后则需要考虑技术和规模两方面因素。

表 4.4 所展示的是零售行业不同所有制经济第一阶段的 DEA 效率结果。可以看出，相较于批发业，零售业的综合效率和规模效率相对更低，分别为 0.842 和 0.918，而纯技术效率值为 0.916 与批发业的 0.92 相差不大。针对不同所有制零售企业，港澳台商和外商投资的外资零售企业平均综合超效率值最高，分别为 0.933 和 0.868，其中港澳台商投资企业在过去 20 年中达到效率前沿面的频率最高并且全部集中在 2008 年后。平均综合效率最低的零售商所有制类型为集体企业，数据显示，仅在 1999 年达到效率前沿面，平均效率值 0.762 未达到所有零售企业的平均水平。其余内资企业中国有和私营零售商的效率水平较为接近，平均综合超效率分别为 0.854 和 0.847，但值得注意的是，私营企业在样本初期的出现了效率骤降的状况，2000 年和 2001 年的综合效率仅为 0.167 和 0.039，随后私营零售商的综合效率在大多数的年份中都高于国有零售商。将综合效率进行分解，我们发现，国有零售企业的规模效率始终保持在接近于 1 的水平，平均规模效率值达到 0.981，在所有经济类型中最为突出，而其技术效率在 2008 年之前的样本中相对较低。集体企业的规模效率水平整体上也高于其纯技术效率，这两种效率分项的变动趋势正好相反，2012 年后随着规模效率的下降，纯技术效率不断提升，并在 2015 年及以后均达到技术效率前沿面。在私有制零售领域中，外商投资企业综合效率的变动趋势与其纯技术效率的高低密切相关，而私营企业和港澳台商投资企业的效率损失主要来自企业规模方面的低效率，技术效率的改进空间不大。

根据以上第一阶段 DEA 模型所得到的结果，可以看出，在不同所有制流通企业之间的确存在效率差异，并且批发业和零售业分经济类型企业的效率比较及其变动趋势并不一致，因而有必要分别对这两个行业单独进行分析。同时，我们注意到，第一阶段的效率评价出现了一些异常值的结果，例如，2000 年国有批发企业的超效率值达到 2.829，远高出其他所有制企业，在 1998 年国有商业企业大规模亏损的背景下，国有批发企业理应不会在这一时点上迅速恢复并实现如此超高效率；又例如，前面提到的私营零售企业在 2000 年和 2001 年的效率提升空间与其他所有制企业存在 60% 左右的差距，这一效率差距也不符合当时的零售业的发展背景。我们还发现，尽管通过第一阶段的效率测算，可以大致地衡量和比较不同所有制流通主体之间的效率差异，但各类企业以及企业之间的波动相对比较平缓，样本期间内的几次主要的经济冲击未能有明显体现。因此，考虑在传统 DEA 模型的基础上剔除外部环境变量和随机误差的干扰，以期将所有经济类型的流通企业置于相同的外部环境进行效率比较。接下来，对投入变量进行基于环境因素的调整，并进一步对流通领域不同所有制经济成分调整投入产出后的效率值进行测算。

4.2.4　第二阶段类似 SFA 方法对投入变量的调整

在第二阶段中，我们可以利用类似 SFA 方法对初始投入变量进行调整，环境因素和随机误差的存在有可能使得计算出的效率结果产生偏误，剔除掉这些因素的干扰有利于对企业效率作出更为客观、有效的评价，同时也可以帮助我们观察到与宏观经济、市场、产业等相关的外部环境变化是如何对不同所有制流通企业的效率产生影响的。构建类似 SFA 回归模型，分别以经济发展水平、消费总量、市场化程度、外资利用情况以及互联网覆盖率作为解释变量，以第一阶段所得到的批发业和零售业的各投入松弛变量作为被解释变量，得到的回归估计结果如表 4.5 所示。

表 4.5　　　　　　　　　第二阶段类似 SFA 回归结果

环境变量		Merchandise	Invest	Employee
GDP_per	批发业	− 0.089 *** (0.001)	− 5.705 *** (0.469)	− 22.64 *** (0.946)
	零售业	− 4.296 ** (0.776)	− 0.128 ** (0.041)	− 5.886 *** (0.758)

续表

环境变量		*Merchandise*	*Invest*	Employee
TRS_per	批发业	0.167 *** (0.003)	10.299 *** (0.87)	39.492 *** (1.228)
	零售业	−10.511 *** (0.953)	−0.38 * (0.266)	0.023 (0.187)
Marketize	批发业	0.011 *** (0.000)	3.293 *** (0.091)	−12.286 *** (0.259)
	零售业	−1.604 *** (0.1)	−0.001 (0.024)	−8.446 *** (0.250)
FDI	批发业	0.021 *** (0.002)	9.12 *** (9.531)	0.913 * (1.463)
	零售业	−13.451 *** (0.986)	−0.204 (0.182)	−9.359 *** (1.178)
Internet	批发业	0.015 *** (0.001)	0.915 *** (0.05)	10.758 *** (1.188)
	零售业	0.063 (0.701)	0.009 (0.054)	1.574 ** (0.629)
Γ 值	批发业	1	1	0.95
	零售业	0.92	0.86	0.9
LR 检验	批发业	80.948	80.835	60.681
	零售业	96.111	86.321	65.074

注：*、** 和 *** 分别表示在 1%、5% 和 10% 的水平上显著。括号内报告标准误。

由表 4.5 中所示结果可知，外部环境因素对流通业投入要素的松弛变量产生了显著影响，并且在混合误差项主要是以管理无效率的形式存在。根据 LR 检验结果，LR 单边误差统计量均在 60 以上，大于临界值 LR(5) = 14.33，故拒绝不存在无效率项的原假设，模型通过了 1% 置信水平下的联合显著性检验。此外，各个类似 SFA 回归所得到的伽马（Γ）值都十分接近于 1，说明由实际投入与目标投入之间的差距所构成的投入松弛主要是由管理无效率引起的，这意味着在这一阶段使用 SFA 回归而非普通最小二乘法作为模型估计方法是合理的。综上所述，我们认为，在测算不同所有制流通企业经济效率时剔除环境和随机扰动等外部因素是必要的。

对于不同的环境变量，根据表4.5中的系数估计值和相应的统计量进一步对回归结果进行分析：当估计系数为正时，可以认为环境变量对相应的投入松弛产生正向影响，此时对决策主体效率的作用正好相反，反之亦然。

首先，对于以人均国民生产总值衡量的经济发展水平来说，批发业和零售业所得到的各项系数都显著为负，这意味着经济总量的增长有助于减少流通领域各方面投入的冗余，即有助于提升商业投入的使用效率。

其次，人均社会消费品零售总额在很大程度上能够反映居民的收入水平以及消费能力，这一环境变量对各项投入松弛变量的系数在批发业中为正值，并且从系数值的大小可以看出，其对批发业劳动和资本要素投入的影响显著大于对商品购销投入的影响，正相关关系说明居民消费水平的提高会导致批发业各项投入要素非必要部分的增加，从而会降低批发业的效率水平。从直觉上来说，消费规模的扩张理应促进流通业生产率的提高，这里一个可能的解释是，批发商业作为不直接面向终端消费领域的流通环节，在面对消费相关的环境变量时不能直接、及时、准确地获取市场信号，消费品零售总额的指标可能会使得批发商夸大其投入决策，从而产生不必要的投入冗余。而居民消费变量对零售业商品购进和资本投入松弛变量的系数值均显著为负，符合零售环节更靠近消费领域，从而扩大消费有利于减少这两项投入松弛的预期，消费环境变量对于人员投入松弛的系数为正值但结果并不显著。

最后，其余三个环境指标——市场化、对外开放以及互联网普及程度都是与流通业发展密切相关的市场环境变量，估计结果在批发业和零售业中表现出一定的差异。其中，随着经济体制改革，市场化程度已经成为衡量改革成果的一个重要指标，结果表明，市场化程度的加深有助于提高批发业商品购销投入和资本要素投入以及零售业的各项投入的资源利用率，这一环境指标对批发业人员投入的影响正好相反以及对零售业资本投入的影响并不显著，原因可能在于批发业相对属于资本密集型行业而零售业相对属于劳动密集型行业。对外资利用的环境指标来说，其对批发业各投入松弛的影响均显著为正，意味着实际利用外资占国民生产总值比重会放大批发企业的经营投入，尤其是资本存量投入，并造成一定的投入要素利用率和企业效率的损失。而外资环境对零售业投入变量以及效率低影响与批发部门相反，估计系数均为负并且资本要素投入松弛的系数并不显著，对外开放程度的加深会因引入竞争而促进零售企业投入使用效率的提升。批发与零售行业的这一差异体现为对外开放过程中，外资进入所带来的竞争冲击对更具竞争性色彩的零售业而言作用更大，促使其在商品购进和人员投入方面的资源配置以及企业经营效率都得到一定的改善，而随着外资利用占比的提高，对外开放的外部环境反而加剧了批发业各项投入要素更大程度的浪费，从而导致批发企业资源利用率恶化，我们认为，这在一定程度上与我国批发商在开放市场环境中作为供应商的市场势力普遍不高有关。最后一个环境指标是反映互联网覆盖程度的外部因素，该指标对投入松弛的系数值在批发业和零售业中均为正值，除零售业商品和资本要素投入所对应的系数不显著外，其余均在统计上显著。结果表明，随着互联网的进一步普及和覆盖，流通领域中批发企业和零售企业均产生了一定的投入冗余，此时批发商减少各项投入、零售商减少其人员投入则能够有效提高企业自身的经营效率，这一结论与互联网产业融合背景下流通企业要素更迭、人员精简等资源重新整合的现实要求基本吻合。

以上分析说明，由于不同环境变量对各投入松弛变量的影响有所不同，决策单元可能会因为不同的外部环境而估计出具有较大偏误的效率结果。因此，我们有必要利用这一阶段的估计结果对传统 DEA 模型的初始投入进行基于环境的调整，以进一步确保不同流通所有制效率测算的准确性和客观性。

4.2.5 第三阶段基于调整后投入产出的效率测算

剔除外部环境和随机扰动对流通企业效率的影响后，在第三阶段再次利用 DEA 方法对调整后的投入产出变量进行效率测算，得到的批发业和零售业调整后的效率结果分别如表 4.6 和表 4.7 所示。对比第一阶段的结果，可以看出各决策单元的效率值有较为明显的变化，异常值也在一定程度上得以修正。通过对比调整前后的流通企业的效率，可以观察到有哪些效率值在调整前并不能真实反映出企业的技术管理水平，而是由于受到环境因素和随机因素的干扰而被高估或低估。

表 4.6　　　　　　　　　　投入调整后不同所有制批发企业效率值

所有制类型	年份	综合效率	技术效率	规模效率	规模收益	超效率评价结果
国有企业	1999	0.402	1.000	0.402	irs	0.402
	2000	0.683	1.000	0.683	irs	0.683
	2001	0.734	0.877	0.837	irs	0.734
	2002	0.859	0.998	0.861	irs	0.859
	2003	0.857	0.966	0.887	irs	0.857
	2004	0.877	1.000	0.877	irs	0.877
	2005	0.887	0.922	0.963	irs	0.887
	2006	0.922	0.943	0.978	irs	0.922
	2007	0.915	0.924	0.990	irs	0.915
	2008	1.000	1.000	1.000	—	1.006
	2009	1.000	1.000	1.000	—	1.062
	2010	1.000	1.000	1.000	—	1.419
	2011	0.951	0.953	0.998	irs	0.951
	2012	0.990	0.991	0.999	irs	0.990
	2013	1.000	1.000	1.000	—	1.038
	2014	1.000	1.000	1.000	—	1.017
	2015	0.981	0.982	0.999	irs	0.981
	2016	1.000	1.000	1.000	—	1.070
	2017	1.000	1.000	1.000	—	1.022
	2018	1.000	1.000	1.000	—	1.059
集体企业	1999	0.535	0.908	0.589	irs	0.535
	2000	0.713	0.909	0.784	irs	0.713
	2001	0.745	0.842	0.885	irs	0.745
	2002	0.814	0.879	0.925	irs	0.814
	2003	0.803	0.847	0.948	irs	0.803
	2004	0.830	0.857	0.969	irs	0.830
	2005	0.837	0.843	0.993	irs	0.837
	2006	0.824	0.827	0.996	irs	0.824
	2007	0.719	0.721	0.997	irs	0.719
	2008	0.888	1.000	0.888	drs	0.888

所有制类型	年份	综合效率	技术效率	规模效率	规模收益	超效率评价结果
集体企业	2009	0.869	0.879	0.989	drs	0.869
	2010	0.873	0.962	0.907	drs	0.873
	2011	0.867	0.970	0.893	drs	0.867
	2012	0.849	0.914	0.929	drs	0.849
	2013	0.867	1.000	0.867	drs	0.867
	2014	0.869	0.990	0.878	drs	0.869
	2015	0.874	0.964	0.906	drs	0.874
	2016	0.863	0.959	0.900	drs	0.863
	2017	0.874	0.966	0.905	drs	0.874
	2018	0.903	1.000	0.903	drs	0.903
私营企业	1999	0.188	1.000	0.188	irs	0.188
	2000	0.371	1.000	0.371	irs	0.371
	2001	0.434	0.918	0.473	irs	0.434
	2002	0.717	1.000	0.717	irs	0.717
	2003	0.779	1.000	0.779	irs	0.779
	2004	0.771	1.000	0.771	irs	0.771
	2005	0.770	0.898	0.858	irs	0.770
	2006	0.739	0.837	0.883	irs	0.739
	2007	0.745	0.820	0.909	irs	0.745
	2008	0.899	0.940	0.956	irs	0.899
	2009	0.928	0.992	0.936	irs	0.928
	2010	0.925	0.969	0.955	irs	0.925
	2011	0.906	0.916	0.989	irs	0.906
	2012	0.910	0.920	0.989	irs	0.910
	2013	0.936	0.939	0.996	irs	0.936
	2014	0.934	0.938	0.996	irs	0.934
	2015	0.935	0.939	0.997	irs	0.935
	2016	0.919	0.921	0.997	drs	0.919
	2017	0.909	0.911	0.998	irs	0.909
	2018	0.914	0.916	0.999	irs	0.914

所有制类型	年份	综合效率	技术效率	规模效率	规模收益	超效率评价结果
港澳台商投资企业	1999	0.835	0.884	0.944	irs	0.835
	2000	0.821	0.878	0.934	irs	0.821
	2001	0.777	0.843	0.921	irs	0.777
	2002	0.846	0.934	0.905	irs	0.846
	2003	0.804	0.885	0.908	irs	0.804
	2004	0.771	0.845	0.913	irs	0.771
	2005	0.746	0.813	0.917	irs	0.746
	2006	0.773	0.836	0.925	irs	0.773
	2007	0.732	0.790	0.926	irs	0.732
	2008	0.760	0.800	0.950	irs	0.760
	2009	0.817	0.857	0.954	irs	0.817
	2010	0.882	0.931	0.948	irs	0.882
	2011	0.767	0.816	0.939	irs	0.767
	2012	0.769	0.821	0.937	irs	0.769
	2013	0.826	0.904	0.914	irs	0.826
	2014	0.801	0.883	0.907	irs	0.801
	2015	0.905	1.000	0.905	irs	0.905
	2016	0.855	1.000	0.855	irs	0.855
	2017	0.774	0.915	0.846	irs	0.774
	2018	0.687	0.826	0.832	irs	0.687
外商投资企业	1999	0.878	0.883	0.995	irs	0.878
	2000	0.872	0.877	0.995	irs	0.872
	2001	0.864	0.868	0.995	irs	0.864
	2002	0.877	0.881	0.995	irs	0.877
	2003	0.853	0.857	0.995	irs	0.853
	2004	0.867	0.870	0.997	irs	0.867
	2005	0.877	0.879	0.998	irs	0.877
	2006	0.839	0.841	0.998	irs	0.839
	2007	0.879	0.879	0.999	—	0.879
	2008	0.894	0.911	0.981	drs	0.894
	2009	0.894	0.905	0.988	drs	0.894

所有制类型	年份	综合效率	技术效率	规模效率	规模收益	超效率评价结果
外商投资企业	2010	0.887	0.929	0.954	drs	0.887
	2011	0.895	0.925	0.968	drs	0.895
	2012	0.920	0.966	0.952	drs	0.920
	2013	0.937	0.982	0.955	drs	0.937
	2014	0.967	1.000	0.967	drs	0.967
	2015	0.945	0.950	0.994	drs	0.945
	2016	0.954	0.956	0.998	drs	0.954
	2017	1.000	1.000	1.000	—	1.071
	2018	0.981	0.981	1.000	—	0.981
平均值		0.841	0.924	0.913		0.849

表 4.7　　　　　　　　投入调整后不同所有制零售企业效率值

所有制类型	年份	综合效率	技术效率	规模效率	规模收益	超效率评价结果
国有企业	1999	0.361	0.391	0.924	irs	0.361
	2000	0.296	0.329	0.898	irs	0.296
	2001	0.263	0.320	0.822	irs	0.263
	2002	0.226	0.302	0.750	irs	0.226
	2003	0.231	0.330	0.700	irs	0.231
	2004	0.242	0.336	0.718	irs	0.242
	2005	0.263	0.371	0.708	irs	0.263
	2006	0.369	0.465	0.792	irs	0.369
	2007	1.000	1.000	1.000	—	1.197
	2008	0.878	0.882	0.995	irs	0.878
	2009	0.791	0.839	0.943	irs	0.791
	2010	0.557	0.621	0.897	irs	0.557
	2011	1.000	1.000	1.000	—	1.009
	2012	1.000	1.000	1.000	—	1.052
	2013	0.951	1.000	0.951	drs	0.951
	2014	0.959	1.000	0.959	drs	0.959
	2015	0.901	0.902	0.998	irs	0.901
	2016	0.899	0.912	0.986	irs	0.899
	2017	1.000	1.000	1.000	—	1.061
	2018	0.996	1.000	0.996	irs	0.996

所有制类型	年份	综合效率	技术效率	规模效率	规模收益	超效率评价结果
集体企业	1999	1.000	1.000	1.000	—	1.049
	2000	0.581	0.712	0.816	irs	0.581
	2001	0.201	0.638	0.315	irs	0.201
	2002	0.203	0.572	0.355	irs	0.203
	2003	0.213	0.603	0.353	irs	0.213
	2004	0.204	0.573	0.356	irs	0.204
	2005	0.204	0.647	0.315	irs	0.204
	2006	0.235	0.694	0.339	irs	0.235
	2007	0.814	1.000	0.814	irs	0.814
	2008	0.322	0.644	0.500	irs	0.322
	2009	0.402	0.727	0.552	irs	0.402
	2010	0.457	0.718	0.636	irs	0.457
	2011	0.547	0.861	0.635	irs	0.547
	2012	0.661	1.000	0.661	irs	0.661
	2013	0.669	0.947	0.707	irs	0.669
	2014	0.762	1.000	0.762	irs	0.762
	2015	0.769	0.953	0.807	irs	0.769
	2016	0.843	1.000	0.843	irs	0.843
	2017	0.771	1.000	0.771	irs	0.771
	2018	0.657	1.000	0.657	irs	0.657
私营企业	1999	0.168	1.000	0.168	irs	0.168
	2000	0.067	0.922	0.073	irs	0.067
	2001	0.029	1.000	0.029	irs	0.029
	2002	0.584	1.000	0.584	irs	0.584
	2003	0.806	1.000	0.806	irs	0.806
	2004	0.986	1.000	0.986	irs	0.986
	2005	1.000	1.000	1.000	—	1.248
	2006	1.000	1.000	1.000	—	1.012
	2007	0.975	0.975	1.000		0.975
	2008	1.000	1.000	1.000	—	1.012
	2009	0.950	0.950	1.000	—	0.950

续表

所有制类型	年份	综合效率	技术效率	规模效率	规模收益	超效率评价结果
私营企业	2010	1.000	1.000	1.000	—	1.035
	2011	0.996	0.998	0.998	irs	0.996
	2012	0.990	0.992	0.998	irs	0.990
	2013	1.000	1.000	1.000	—	1.023
	2014	0.998	1.000	0.998	drs	0.998
	2015	0.974	0.974	1.000	—	0.974
	2016	1.000	1.000	1.000	—	1.045
	2017	0.933	0.962	0.970	drs	0.933
	2018	0.930	1.000	0.930	drs	0.930
港澳台商投资企业	1999	0.209	1.000	0.209	irs	0.209
	2000	0.175	0.763	0.229	irs	0.175
	2001	0.213	1.000	0.213	irs	0.213
	2002	0.226	0.877	0.258	irs	0.226
	2003	0.247	0.928	0.266	irs	0.247
	2004	0.322	0.890	0.362	irs	0.322
	2005	0.446	0.978	0.456	irs	0.446
	2006	0.570	0.977	0.583	irs	0.570
	2007	1.000	1.000	1.000	—	1.511
	2008	1.000	1.000	1.000	—	1.159
	2009	0.964	1.000	0.964	irs	0.964
	2010	1.000	1.000	1.000	—	1.018
	2011	1.000	1.000	1.000	—	1.078
	2012	1.000	1.000	1.000	—	1.300
	2013	1.000	1.000	1.000	—	1.095
	2014	0.999	1.000	0.999	drs	0.999
	2015	0.981	0.985	0.996	irs	0.981
	2016	1.000	1.000	1.000	—	1.033
	2017	0.973	0.974	0.999	irs	0.973
	2018	1.000	1.000	1.000	—	1.256

所有制类型	年份	综合效率	技术效率	规模效率	规模收益	超效率评价结果
外商投资企业	1999	0.333	1.000	0.333	irs	0.333
	2000	0.304	0.861	0.353	irs	0.304
	2001	0.363	1.000	0.363	irs	0.363
	2002	0.404	0.896	0.451	irs	0.404
	2003	0.491	0.931	0.528	irs	0.491
	2004	0.575	0.884	0.651	irs	0.575
	2005	0.660	0.923	0.714	irs	0.660
	2006	0.781	0.952	0.820	irs	0.781
	2007	1.000	1.000	1.000	—	1.160
	2008	0.992	1.000	0.992	irs	0.992
	2009	0.922	0.930	0.991	irs	0.922
	2010	0.930	0.949	0.980	drs	0.930
	2011	0.989	0.992	0.996	irs	0.989
	2012	0.539	0.652	0.826	irs	0.539
	2013	0.686	0.838	0.819	irs	0.686
	2014	0.775	0.875	0.885	irs	0.775
	2015	0.692	0.724	0.955	irs	0.692
	2016	0.991	0.992	1.000	—	0.991
	2017	1.000	1.000	1.000	—	1.025
	2018	1.000	1.000	1.000	—	1.162
平均值		0.688	0.878	0.770		0.714

投入调整后不同所有制批发企业的综合效率和规模效率平均值相较于剔除环境等外部因素前有所下降，分别由 0.901 下降至 0.841 和由 0.98 下降至 0.913，说明整体上批发业是处于一个相对有利的外部环境之中，而其调整后的平均技术效率提升了 0.04，说明所处环境并不利于批发业管理、制度等纯技术效率方面的改善。在考虑外部环境因素后，不同所有制批发商的效率水平也发生了相应的调整，但总体而言，国有批发企业仍是综合效率处于前沿面年份最多的所有制类型，平均效率值为 0.938，其余企业中只有外商投资企业的综合效率在 2017 年时调整到了生产前沿面。

对于国有经济来说，测算结果显示，其 2007 年以前的综合效率值比调整投入前有所下降，尤其是 2001 年之前的效率经环境变量调整后回到了合理的区间范围，1999 年和 2000 年的超效率结果分别为 0.402 和 0.683，这意味着国有商业在经历 20 世纪末的绩效"低谷"后效率值从一个较低的水平开始逐渐回升，并且在纯技术效率仍处于前沿面的情况下，国有批发企业的效率损失主要源自规模效率的下调，主要原因在于样本初期国有批发企业对自身规模的调整存在一定的时滞，剔除环境因素后其现有规模与最优规模之间存在的较大差距得以显现。与此同时，2011 年后国有批发商综合效率较调整前有所上升，调整后的平均效率达到了效率前沿面，说明这一阶段国有企业所面对的是不利的外部环境，市场化、对外开放和互联网普及等综合作用的市场因素使得国有批发企业所面临的竞争加剧，促使其通过同时改善管理和规模两方面的资源配置，以提升企业效率。可以看出，未剔除环境因素前，批发业国有企业在发展初期的效率被高估，而在发展到一定阶段后的效率则被低估。

作为另一种公有制形式的集体批发企业，其调整方向和变动趋势与国有企业类似，所表现出的主要特点是：2008 年之前的综合效率值都存在一个向下的调整，同样更多与规模无效率有关，纯技术效率在调整前后大体上保持相同的水平及变动趋势。

相对于内资中前两种所有制类型的企业而言，私营批发商的综合技术效率和规模效率在调整初始投入后发生了一个较大幅度的下降，平均效率值由 0.917 下调至 0.781，说明外部环境的干扰使得私营批发企业效率被严重高估，尤其是通过环境变量的调整发现，我国私营批发商的规模化程度在过去很长时期内都未达到最优水平。与此同时，私营批发企业的纯技术效率在调整后更多地达到了效率前沿面，这意味着外部环境对其技术效率而言整体上可视为不利因素，其实际在管理技术方面十分具有潜力。这两种效率所呈现的特点也从侧面说明了本土民营批发商业的发展应重点补"规模"方面的短板并继续发扬"技术"方面的优势。

对外资企业来说，港澳台商和外商投资的批发企业效率值在基于环境调整前后的差异并不大，尤其是反映其管理水平的纯技术效率几乎未发生显著变化，仍平均保持在 0.9 左右的水平。这是因为外资流通企业的技术、管理、制度等要素往往是外生的，国内批发业的市场环境因素不会对外资企业的技术效率产生太多的影响。此外，外资批发商基于初始投入产出所测算的规模效率都被高估，尤其是港澳台商投资企业的规模效率被高估了 0.8 以上。由此可以认为，外部环境和随机因素对其规模效率来说是相对有利的，剔除环境影响后所得到的规模效率值才能真实反映外资批发商在企业规模方面的资源配置水平。

从调整投入后的零售企业效率值结果（如表 4.4 和表 4.7 所示）可以看出，相较于未剔除环境影响所测度的结果，零售业整体的效率水平有所下调，平均超效率评价从 0.853 下降至 0.714，技术效率和规模效率有不同程度的下降，其中规模效率下降的程度更为显著，下降了 0.418。这意味着零售业各类企业整体上也是处于一个有利的外部环境中。在考虑经济体系中各方面环境因素的干扰后，所测算出的效率值修正了偏误的部分。此外，除了1999 年集体企业的综合效率达到前沿面外，其余经济类型的零售商效率在样本初期都调整至较低水平，说明这一时期的大多数所有制企业效率此前被高估。

不同所有制类型的零售企业在基于环境变量调整前后的效率变动也有所不同。首先，对于国有零售商来说，其他经济类型的综合效率的下调主要源于规模效率的变化，而国有企业下降则更多是因为其技术效率。我们可以看到，在排除环境和随机因素后，国有零售企业 2007 年之前的平均技术效率由 0.715 下降至 0.356，而在 2007 年后则有 7 年的技术效率都达到了前沿面，平均而言与调整投入前的结果相差不大。这一结果显示出国有零售商在样本初期的技术效率值被高估，外部因素对其纯技术效率的影响随着零售领域国有经济的发展有所衰减。与国有企业不同的是，集体零售企业的规模效率在调整后下降至 0.61 的平均水平，说明外部环境对于集体企业来说是相对有利的，由此造成了其规模效率和综合效率的高估，纯技术效率整体而言并未发生显著调整，2007 年后达到技术效率前沿面的年份有所增加。

其次，在零售领域中效率表现相对更好的私有制企业——私营企业、港澳台商投资企业和外商投资企业的平均超效率值分别为 0.838、0.789 和 0.739，其中基于环境变量调整初始投入后，私营企业和港澳台商投资企业技术管理和经营规模调整至效率前沿面的年份最多。对于私营零售企业，尽管其 2002 年之前的效率值很低，但调整之后的效率值比没有调整前的总体上都有所提升，主要体现在纯技术效率增长，这说明，此前一定程度上低估了内资私有制企业在技术管理等方面的效率。外资零售商调整后的效率值也反映了国内零售市场上的外部环境对技术效率的修正作用并不大，主要变化是表现在两者规模效率前期的向下调整，剔除掉对其利好环境的影响可以看出，此前高估了外资零售商的规模效率。

最后，我们根据投入调整后的超效率评价结果对批发业和零售业各类所有制企业的效率水平及变动趋势做一个简要总结，如图 4.3 所示。可以看出，无论是在批发业还是零售业中，企业的效率或生产率都呈现一定的周期性变化。不同所有制类型批发企业之间的效率差异相对更小，并且都随时间平稳波动。除港澳台商投资企业外，其余所有经济类型的批发企业效率整体上都呈现一定的上升趋势。2010 年以前各类型批发企业的增长速率较快，2010 年之后增速有所放缓。内资各所有制企业在 2002 年之前的效率低于外资企业，而后国有批发企业反超外资企业效率，并始终保持较高效率经营。对于零售业来说，企业效率的波动相比批发业幅度更大，并且不同所有制企业之间的效率比较并不存在确切的优劣势差别和增长趋势，不同年份各类型零售商交错占优，这与零售领域竞争强度相对更大的市场结构有关。从整体上看，私有制零售企业的效率相对更高，2008 年之前内资私营资零售商相比其他类型企业率先实现效率的快速增长，而后以港澳台商投资企业为代表的外资零售企业表现相对更好。在公有制领域，尽管起初国有零售商的效率水平并不高，但在 2005 年左右与其他所有制企业一同开始实现了较快速率的效率提升，并在 2010 年后逐渐与私有制企业趋同，甚至于 2017 年达到超过其他所有制企业的水平，而集体企业在零售部门的经营效率相对较低。

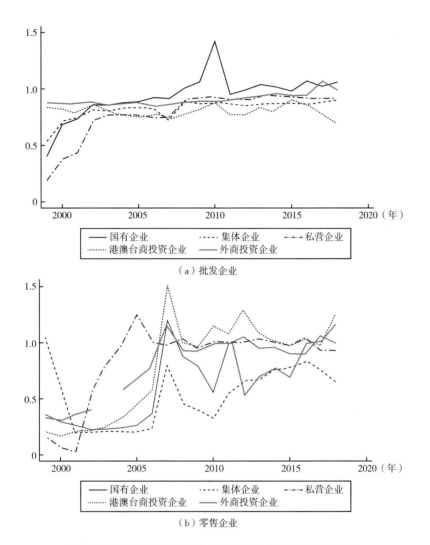

（a）批发企业

（b）零售企业

图 4.3　不同所有制批发企业和零售企业超效率评价结果

4.2.6　Malmquist 指数的动态效率分析

在 DEA 模型的基础上，我们继续利用调整后的投入产出变量测算各所有制流通企业以 Malmquist 变动指数衡量的全要素生产率（TFP）及其分解项——技术效率指数（TE）、技术进步指数（TC）、纯技术效率指数（PEC）

和规模效率指数（SEC）。首先，所得到的流通业不同年份以及不同所有制企业的平均指数结果如表4.8和表4.9所示。

表4.8　　　　　　　流通业 Malmquist 指数及分解（不同年份）

年份	批发业					零售业				
	TE	TC	PEC	SEC	**TFP**	TE	TC	PEC	SEC	**TFP**
2000	0.986	0.877	0.999	0.988	**0.865**	0.988	0.836	1.000	0.988	**0.826**
2001	0.965	1.027	0.995	0.970	**0.991**	1.166	1.042	1.000	1.167	**1.216**
2002	1.175	1.162	1.003	1.171	**1.365**	0.946	1.179	1.000	0.946	**1.115**
2003	1.028	1.039	0.993	1.036	**1.069**	0.985	1.257	1.000	0.985	**1.239**
2004	0.981	1.409	0.995	0.986	**1.382**	0.900	1.779	1.000	0.899	**1.600**
2005	0.990	1.079	0.997	0.992	**1.068**	0.949	1.547	1.000	0.949	**1.468**
2006	0.993	1.043	1.011	0.982	**1.036**	1.085	1.116	1.001	1.084	**1.211**
2007	1.007	1.034	1.000	1.006	**1.041**	1.184	2.051	1.000	1.184	**2.429**
2008	0.997	1.357	1.007	0.990	**1.352**	0.851	0.658	1.000	0.851	**0.560**
2009	1.017	1.002	1.000	1.017	**1.019**	1.043	1.161	1.000	1.043	**1.211**
2010	1.006	1.104	1.000	1.006	**1.110**	1.024	1.004	1.000	1.024	**1.027**
2011	0.978	0.985	1.000	0.978	**0.964**	1.017	1.144	1.000	1.017	**1.164**
2012	0.970	1.040	1.000	0.970	**1.009**	0.946	1.110	0.937	1.010	**1.050**
2013	1.029	1.050	1.000	1.029	**1.080**	1.115	0.888	1.067	1.045	**0.991**
2014	1.020	0.967	1.000	1.020	**0.986**	1.024	1.010	1.000	1.024	**1.034**
2015	1.016	0.988	0.997	1.019	**1.003**	1.021	0.891	1.000	1.021	**0.910**
2016	0.985	1.005	0.997	0.988	**0.990**	1.004	1.123	1.000	1.004	**1.127**
2017	0.986	0.993	1.001	0.986	**0.979**	0.969	1.040	1.000	0.969	**1.008**
2018	0.981	0.991	1.002	0.979	**0.971**	0.974	1.047	1.000	0.974	**1.019**

表4.9　　　　　　　流通业 Malmquist 指数及分解（不同所有制）

所有制	所有制类型	TE	TC	PEC	SEC	TFP
批发业	国有企业	0.999	1.095	0.999	1.000	1.094
	集体企业	0.986	1.004	1.000	0.986	0.990
	私营企业	0.997	1.077	1.000	0.997	1.073
	港澳台商投资企业	1.043	1.010	1.000	1.043	1.054
	外商投资企业	1.000	1.088	1.000	1.000	1.088
	平均值	1.005	1.054	1.000	1.005	1.059

续表

所有制	所有制类型	TE	TC	PEC	SEC	TFP
零售业	国有企业	1.000	1.140	1.000	1.000	1.140
	集体企业	0.980	1.023	1.000	0.980	1.003
	私营企业	1.034	1.107	1.000	1.034	1.145
	港澳台商投资企业	1.021	1.222	1.000	1.021	1.248
	外商投资企业	1.000	1.086	1.000	1.000	1.086
平均值		1.007	1.114	1.000	1.007	1.121

从整体结果可以看出，流通领域批发业和零售业的全要素生产率分别平均上涨了 5.9% 和 12.1%，并且主要来源于技术进步变动。技术进步变化指数在前述的 DEA 模型中并未体现，通常衡量的是除了投入要素外对产出具有影响的无形要素，能够比较不同时期相同投入下生产前沿面的移动，一般认为是与企业技术进步、组织创新等效率提升相关的指标。这一指数大于 1 说明流通业整体上都实现了跨期的生产前沿面"外推"。

表 4.8 展示了流通业在 1999～2018 年的效率变化情况，年份 2000 代表的是 1999～2000 年的动态效率指数，以此类推。结果显示，批发业在 2001～2010 年有较为稳定的效率增长，平均增长率在 16% 左右，并且这一时期的增长更多是因为技术进步推动了前沿面的移动，技术进步增长率平均为 13.66%；而在 2010 年后的平均增长率下降至 -0.2%，意味着增长曲线趋于平缓并在某些年份出现了负增长，同时伴有技术效率下降且技术进步趋势的放缓。我们认为，批发业近 10 年行业增长变缓的原因有两点：一是在整体经济下行背景下批发市场的逐渐饱和，二是由于电子商务的发展而造成的渠道扁平化趋势对原有批发业务的冲击。对于零售行业，除 2000 年、2008 年、2013 年和 2015 年的 TFP 值小于 1 以外，其余年份均实现了效率增长，其中 2007 年增长率最高，较上年增长了 1.4 倍之多，此后 2008 年受到全球经济危机的影响，零售企业平均生产率下降了 44%，技术效率和技术进步变动率分别下降 15% 和 34%。总体而言，随着流通体制的深化改革，流通企业的效率水平普遍有所提升。

区分所有制类型得到的流通业平均 Malmquist 指数，由表 4.9 可知，在批发业中，除了集体企业，各类所有制批发商都有不同程度的增长，平均效率增长率由高到低依次是国有、私营、外商和港澳台商投资企业，分别增长了9.4%、8.8%、7.3%和5.4%。国有、集体和私营所组成的内资批发商业在技术进步方面均有提升，但技术效率变化指数都小于1，说明国内本土批发商在技术效率方面仍有提高空间。在零售业中，所有经济类型的企业都实现了平均效率的增长，增长率由高到低依次是港澳台商（24.8%）、私营（14.5%）、国有（14%）、外商（8.6%）和集体（0.3%）零售企业。在效率分解项的表现方面，集体零售企业的TE指数为0.98，是唯一小于1的企业类型，所有零售企业的TC指数都大于1，其中国有零售商在技术进步方面的增长率（14%）要大于私营企业（10.7%）。

在此基础上，我们将继续考察不同所有制流通企业的TFP指数变动情况，如表4.10所示，这里我们主要聚焦于国有流通企业。流通领域的国有经济从数据结果来看大体上呈现效率上升的趋势，尤其是国有批发企业，1999～2018年中仅有3年的全要素生产率出现负增长，其余年份均以0.6%～29.1%的速率保持增长，而国有企业在零售业的表现相对不如批发行业，但也在63%以上的样本期内实现效率增长。

表4.10　　　　1999～2018年不同所有制流通企业全要素生产率指数

年份	批发业					零售业				
	国有企业	集体企业	私营企业	港澳台商	外商投资	国有企业	集体企业	私营企业	港澳台商	外商投资
2000	1.095	0.983	0.805	0.821	0.679	0.831	0.572	1.048	0.804	0.962
2001	0.987	0.946	0.926	1.172	0.943	1.349	0.475	1.860	1.937	1.151
2002	1.122	1.089	1.092	2.110	1.683	0.807	0.924	1.768	1.338	0.979
2003	1.091	0.950	1.272	1.071	0.987	1.164	1.132	1.492	1.272	1.165
2004	1.291	0.960	1.843	1.034	2.135	1.353	1.013	1.945	2.797	1.409
2005	1.135	0.967	1.080	0.999	1.175	1.607	1.005	1.588	2.044	1.298
2006	1.068	1.037	1.037	1.037	1.037	1.538	1.132	0.864	1.525	1.138
2007	1.136	0.946	1.008	1.021	1.104	2.393	5.064	1.017	3.292	2.084
2008	1.260	1.039	1.633	1.221	1.732	0.572	0.262	1.051	0.554	0.632

年份	批发业					零售业				
	国有企业	集体企业	私营企业	港澳台商	外商投资	国有企业	集体企业	私营企业	港澳台商	外商投资
2009	1.011	1.075	0.928	1.014	1.074	1.583	1.329	0.964	1.146	1.119
2010	1.202	1.080	1.105	0.993	1.183	0.929	1.148	1.079	1.023	0.972
2011	1.233	0.869	0.998	0.957	0.812	1.234	1.181	1.002	1.230	1.190
2012	1.108	1.003	0.979	1.012	0.952	0.606	1.372	1.000	1.244	1.236
2013	1.087	1.073	1.021	1.109	1.109	1.518	0.882	1.019	0.900	0.777
2014	1.036	0.971	1.003	0.928	0.997	1.114	1.123	0.977	0.976	0.992
2015	0.938	1.129	1.005	1.002	0.951	0.918	1.046	0.956	0.831	0.818
2016	1.006	0.944	0.988	0.982	1.032	1.319	1.194	1.021	1.021	1.109
2017	1.101	0.906	0.997	0.989	0.915	1.140	0.930	0.901	0.996	1.092
2018	0.956	0.887	1.027	1.038	0.956	0.979	0.856	0.973	1.193	1.132

　　总体来说，各类所有制流通企业在动态效率方面表现出一定的异质性，但基本上都在不同程度上显示出自身的效率提升潜力。在所选取数据的样本期内，我国流通业经历了所有制改革、市场体制深化改革、引入外资、国有企业的混合所有制改革等外生环境变化，在这一背景下，由多种所有制主体所构成的流通产业整体上实现了跨期的效率提升及技术进步，尤其是国有经济成分在随流通所有制演变的过程中基本实现了自身的效率提升。

4.3　地区特征

　　沿用以上三阶段DEA效率估计方法，本节对我国31个省份2018年不同所有制流通企业的投入产出数据进行了效率测算，并以此分析流通所有制效率的地区特征。在此基础上，按照我国的行政区划分得到不同区域——东部、中部、西部及东北部地区的相关效率水平。最终的超效率评价结果如表4.11所示。

表 4.11　　　　　　各地区 2018 年不同所有制流通企业超效率值

省份	批发业					零售业				
	国有企业	集体企业	私营企业	港澳台商	外商投资	国有企业	集体企业	私营企业	港澳台商	外商投资
北京	0.954	0.673	0.913	0.714	0.897	0.644	0.462	0.934	1.026	0.803
天津	0.817	0.856	1.247	0.605	0.943	0.813	0.901	0.420	0.741	0.368
河北	1.189	0.819	0.658	0.678	0.327	1.293	0.617	0.881	0.825	0.341
山西	0.721	1.318	0.738	0.697	0.636	0.442	0.480	0.654	0.461	0.631
内蒙古	1.060	0.751	0.465	0.720	—	0.659	0.089	0.611	0.556	0.421
辽宁	0.875	0.838	0.371	0.721	0.579	0.429	0.608	0.570	0.492	0.574
吉林	1.842	1.870	0.669	0.777	0.466	0.248	0.700	0.718	1.637	0.287
黑龙江	0.789	0.706	0.552	0.665	0.769	0.573	1.181	0.685	0.555	1.028
上海	0.932	0.872	0.984	1.173	1.491	1.175	0.869	1.400	1.773	1.655
江苏	0.531	0.452	1.156	0.917	1.181	0.432	0.530	0.835	0.624	0.371
浙江	0.465	0.727	1.426	1.229	1.059	0.623	0.548	0.748	0.389	0.359
安徽	0.687	1.261	0.799	0.611	0.667	0.594	0.594	0.827	0.573	1.272
福建	0.742	0.379	0.921	0.419	2.407	0.664	0.837	0.961	0.904	0.529
江西	0.852	0.808	0.818	0.841	0.159	0.912	0.351	0.919	0.745	0.706
山东	1.073	0.624	0.728	0.277	1.115	0.568	0.872	0.736	0.760	0.545
河南	1.107	0.823	0.629	0.612	0.708	0.840	1.059	1.030	0.409	0.480
湖北	0.703	0.589	0.848	0.635	0.915	0.492	0.457	1.050	0.523	0.357
湖南	0.704	0.687	0.735	0.547	0.858	1.711	0.556	0.925	0.949	0.852
广东	0.843	0.722	1.510	1.844	0.939	1.197	0.731	1.111	1.044	0.465
广西	0.655	0.474	0.624	0.339	0.750	1.270	0.448	1.093	0.427	1.345
海南	0.458	0.530	1.063	0.986	1.708	0.813	1.185	1.154	1.000	0.717
重庆	1.918	0.764	0.725	0.374	0.871	0.922	1.664	0.977	0.454	0.288
四川	0.818	0.882	1.012	0.792	0.685	0.799	0.667	0.816	0.743	0.553
贵州	0.959	0.550	0.834	0.590	0.524	0.842	0.396	0.900	0.625	0.716
云南	0.513	0.654	0.653	0.631	0.564	0.540	0.245	0.944	0.552	—
西藏	0.369	—	0.297	0.313	0.198	0.366	—	0.830	—	0.627
陕西	0.964	0.685	0.761	0.360	0.489	0.742	0.912	0.931	0.854	0.459
甘肃	0.617	0.381	0.328	0.353	0.645	0.779	0.746	0.886	1.337	1.114
青海	0.799	0.428	0.349	0.310	0.376	0.224	—	0.831	0.549	—

续表

省份	批发业					零售业				
	国有企业	集体企业	私营企业	港澳台商	外商投资	国有企业	集体企业	私营企业	港澳台商	外商投资
宁夏	0.391	—	0.372	—	—	0.860	1.388	0.675	0.380	1.156
新疆	0.315	0.416	0.162	0.416	0.217	0.525	0.639	0.727	0.573	0.313
东部	0.800	0.665	**1.061**	0.884	**1.207**	0.822	0.755	0.918	0.909	0.615
中部	0.796	0.914	0.761	0.657	0.657	0.832	0.583	0.901	0.610	0.716
西部	0.782	0.599	0.549	0.473	0.532	0.711	0.719	0.852	0.641	0.699
东北部	**1.169**	**1.138**	0.531	0.721	0.605	0.417	0.830	0.658	0.895	0.630
全国	0.828	0.743	0.753	0.672	0.798	0.742	0.715	0.864	0.749	0.667

　　由表 4.11 可以看出，各地区不同所有制流通企业之间的效率存在差异，有些省份流通企业的效率距离生产前沿面的差距仍然较大。在国有企业中，河北、内蒙古、吉林、山东、河南以及重庆的批发商业均达到了生产前沿面，其中重庆的超效率值为 1.918，是所有地区中国有批发企业效率最高的省份，是效率水平最低地区效率值的 5 倍以上。国有零售企业超效率值大于 1 的省份有 5 个，其中河北的国有企业在零售业也实现了大于 1 的效率值，湖南国有零售商以 1.711 的超效率评价占据最高效率水平，青海的综合效率最低，与生产前沿面还有 77.6% 的差距。集体企业到达生产前沿面的地区较少，批发业和零售业中分别仅有 3 个省份和 4 个省份，吉林和重庆的集体企业分别在批发和零售行业中实现了所有省份中最高的效率值，相反，福建和内蒙古分别相对最低，其中内蒙古的集体零售企业综合效率值仅为 0.089，与达到最佳投入产出组合存在 90% 以上的差距。在私营零售领域中，批发业和零售业均有 6 个省份达到了生产前沿面，分别以广东和上海的超效率值 1.51 和 1.4 超过其他地区，此外，有近 20% 的地区在私营批发业中的效率值低于 0.4，而私营零售企业的效率普遍较高，最低的省份是效率值为 0.42 的天津。对于外资来说，批发业中港澳台商和外商投资企业各有 5 个省份达到了效率前沿面，而在零售业中各有 6 个地区实现 DEA 有效。广东和福建分别是港澳台商和外商投资批发企业中效率最高的两个地区，超效率值分别是 1.844 和 2.407，是综合效率最低地区青海和西藏的效率值的 6 倍和 11 倍

左右。上海同时是港澳台商和外商投资零售企业中效率最高的省份，分别超过最优效率 77.3% 和 65.5%。

从按照行政区域划分的平均效率水平来看，由辽宁、吉林和黑龙江组成的东北三省在国有和集体批发企业中效率最高，平均综合效率超过了 1，这主要是由于吉林省的超效率评价结果在这两种所有制批发商中表现突出，均超过了 1.8，由此拉高了东北地区的平均水平。而东部地区在私营和外商投资批发商业中的平均效率达到了生产前沿面，尤其是"江浙沪"地区这两种类型批发企业的效率均达到或十分接近前沿面，除此之外，港澳台商投资企业在东部批发业中的综合效率也超过了其他区域，这都与东部沿海地区较高的市场化和对外开放程度有关。中部地区除集体批发商的平均效率值为 0.914 接近生产前沿面外，其余经济成分的效率均处于中等水平。西部地区各所有制类型批发企业的效率都相对较低。在零售领域，不同所有制企业中未有平均效率值大于 1 的行政区域。通过对比发现，东部地区仍然在私营和港澳台商零售企业中占优，中部地区在国有和外商投资企业中效率水平更高，集体企业超效率值超过其他区域的是东北地区，西部地区依然未有表现突出的所有制类型，但该区域的私营零售商业在平均效率方面超过了东北地区。

通过对各地区以及行政区划之间不同所有制流通企业效率水平的分析，在运用三阶段 DEA 模型将流通企业所处区域的环境因素排除在外的基础上，我们依然可以看出流通所有制效率表现出一定的地区特征。总体上看，在经济越发达、市场化和对外开放程度越高的东部地区，其本土民营和外资流通企业的效率水平就越高，其余地区尤其是东北地区在国有和集体流通所有制类型方面的综合效率相对更高，经济欠发达的西部地区的各类流通企业的效率表现均普遍欠佳。

4.4 本章小结

本章立足于"所得"和"所费"权衡的角度对流通主体的经济效益进行考察，分别从财务指标、基于三阶段 DEA-Malmquist 模型所测算的效率水平以及地区特征等不同角度对不同所有制流通企业进行了效率评价和比较。

首先，由过去学者对工业领域"国有企业微观效率不如私营企业"的论断入手，从相同指标（净资产收益率、总资产贡献率和成本费用利润率）横向对比了流通产业中国有企业与非国有企业的效率差异，发现尽管在流通领域内国有企业与私营企业的绩效对比并没有工业中的差距显著，但国有流通企业的经济效益反而优于私营企业。在这一初步认识的基础上，我们分别考察了批发业和零售业中不同所有制控股企业的主营业务毛利率、人均主营业务收入、费用率和负债率四项财务指标，从而认为无论在批发业还是在零售业中，尽管国有流通企业在主营业务毛利率方面未能超过外资商业，但并不输于其他类型的内资企业，并且总体而言国有企业在人均主营业务收入方面的表现总体上胜过其他所有制企业，费用率和负债率等成本、风险控制方面的财务表现也相对更好。

其次，除了财务指标评价，本章还基于三阶段 DEA-Malmquist 模型对流通领域内 1999～2018 年不同所有制类型的企业进行了超效率评价，基于调整后的投入变量得到了排除外部环境因素的综合效率、技术效率和规模效率。由估计结果可以看出，批发业各个所有制类型之间的效率差距较小，国有批发企业在 2002 年后始终保持较高效率经营，不同所有制零售企业之间的效率表现出交错占优，并且从整体上看，私营和外商等私有制零售企业的效率相对更高，国有零售企业在近十年逐渐表现出与私有制企业效率趋同的发展态势。与此同时，从 Malmquist 指数反映的动态效率来看，由多种所有制主体所构成的流通产业在整体上都实现了跨期的效率提升及技术进步，国有经济也基本呈现出效率上升的趋势。

最后，本章对各省份以及东部、中部、西部和东北部地区之间不同所有制流通企业效率水平进行了测算和比较，认为流通所有制效率表现出一定的地区特征，例如，东部地区民营和外资流通企业的效率水平相对更高。

| 第 5 章 |

多种所有制流通企业竞争均衡与政府规制

为了刻画多种经济并存的流通产业发展格局中不同所有制流通企业的竞争策略与竞争均衡，本章构建流通领域多种所有制竞争的混合寡占模型，首先，在封闭经济条件下分别讨论本土流通产业内国有和非国有市场主体之间的纵向竞争与横向竞争，基于此基准模型讨论国有流通企业的目标异质性与宏观职能作用。其次，在将模型拓展至开放经济条件的同时引入政府规制行为，假定政府将规制设计与实施的决策过程内嵌于国有流通企业的目标函数之中，通过影响市场参与主体的产出决策进而影响市场竞争及均衡结果，分别在规制机制既定和规制机制动态调节的两种情境下对均衡结果进行分析，并提供相应的政策含义。

5.1 不同所有制流通企业
与生产企业的纵向竞争

5.1.1 基本假设

假设 1（市场环境假设）：生产和流通构成了产业链的两级，假设在生产部门和流通部门分别只有一家生产企业和一家零售企业，并形成双边垄断的纵向市场结构，如图 5.1 所示。生产企业生产出的产品通过零售企业销售给最终消费者，由此假定在零售购销系统内不存在存货且生产和销售均不存在时滞。此时，不失一般性，我们将市场的逆需求函数设定为：$p = 1 - Q$。在此市场环境下，消费者总剩余为：$CS = \dfrac{Q^2}{2}$。

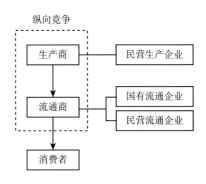

图 5.1　纵向竞争市场环境假设

假设 2（企业行为假设）：生产企业 M 以 c_M 的边际成本进行生产并以 p_M 的单位出厂价格将产品出售给零售商。零售商除采购成本外，还面临与零售额相关的边际成本 c_R，这里假设边际成本等于平均成本，流通企业根据市场需求和自身成本确定最终销售价格和销售量。国有和民营流通企业的最优决策目标分别是社会福利最大化与企业利润最大化，国有决策主体除了考虑自身利益外，还兼顾上游生产商和下游消费者的剩余之和。下面以下标 P 和 S 分别代表民营流通企业和国有流通企业的决策参数。

5.1.2　均衡分析

首先，我们考虑市场上仅存在一家民营流通企业和生产企业的纵向竞争关系，在此基准模型中，上下游企业均为私有制企业，民营零售商的剩余函数为 $\pi_{RP}(Q) = (p - p_M - c_{RP})Q$，它以利润最大化原则为目标决定自身的最优销售数量，因此，其最优决策函数为：$Q^* = \arg\max \pi_{RP}(Q)$。由此可知，民营零售商最优销售决策的一阶条件为：

$$\frac{\partial \pi_{RP}(Q)}{\partial Q} = 1 - 2Q - p_M - c_{RP} = 0$$

可以得出：$Q^*(p_M) = \dfrac{1 - p_M - c_{RP}}{2}$。当最终零售销量和销售价格确定时，上游生产企业唯一的决策变量即为根据利润法则制定的最优出厂价格。将销售数量 $Q^*(p_M)$ 代入生产商的剩余函数 $\pi_M(p_M) = (p_M - c_M)Q$，根据决策函数 $p_M^* = arg\max \pi_M(p_M)$ 的最优一阶条件，可知生产企业的最优出厂价格应设置为：

$$p_M^* = \frac{1 + c_M - c_{RP}}{2}$$

由此可以得到实现均衡的最终市场需求量（零售商销量）和零售价格，分别是：

$$Q^* = \frac{1 - c_M - c_{RP}}{4} ; p_M^* = \frac{3 + c_M + c_{RP}}{4}$$

此时的民营零售企业和生产企业的利润分别为 $\pi_{RP} = \dfrac{(1 - c_M - c_{RP})^2}{16}$ 和 $\pi_M = \dfrac{(1 - c_M - c_{RP})^2}{8}$。从以上均衡结果可以看出，最终零售价格与零售商全部成本之间的差额为：$p^* - p_M - c_{RP} = \dfrac{1 - c_M - c_{RP}}{4} \geq 0$，而生产企业的出厂价格与生产成本之间的差额为：$p_M - c_M = \dfrac{1 - c_M - c_{RP}}{2} \geq 0$，这说明，当流通所有制为民营经济成分时，产品从生产部门流向最终消费者的过程中在生产和流通两个环节均产生了溢价，经济活动所产生的价值增值在产业链的上下游进行了利润分配，表现出双边垄断市场中典型的双重加价特征。

其次，我们考虑下游流通部门为国有企业的所有制形式，并且国有零售商的决策是基于自身效益和产业链中其他环节经济主体剩余的综合考量，即决策函数 $Q^* = arg\max \pi_{RS}(Q) + \theta(\pi_M(Q) + CS(Q))$，其中 $\pi_{RS}(Q) = (p - p_M - c_{RS})Q$，目标参数 θ（$0 \leq \theta \leq 1$）表示国有经济在自身利润目标和社会总福利目标之间的权衡。当 $\theta = 0$ 时，国有企业完全以最大化经济利润为决策目标，当 $\theta = 1$ 时，国有企业的经营决策仅考虑社会整体剩余。由国有零售企业最优决策的一阶条件可知：

$$Q^*(p_M) = \frac{1 - (1-\theta)p_M - \theta c_M - c_{RS}}{2 - \theta}$$

将其代入上游生产企业的剩余函数，并求解满足利润最大化目标条件的最优出厂价格，得到：

$$p_M^* = \frac{1 + (1-2\theta)c_M - c_{RS}}{2(1-\theta)}$$

由此可以得到产业链下游国有零售商销售数量、价格和利润的均衡结果分别如下：

$$Q^* = \frac{1 - c_M - c_{RS}}{2(2-\theta)}$$

$$p^* = \frac{3 - 2\theta + c_M + c_{RS}}{2(2-\theta)}$$

$$\pi_{RS} = \frac{(1 - c_M - c_{RS})(1 - \theta + \theta c_M - (1-\theta)c_{RS})}{4(2-\theta)^2}$$

从以上结果可以看出，当国有流通企业目标参数 θ 为零，即完全追求自身利润最大化时，市场均衡结果与民营经济参与的纵向市场结构相同。随着国有经济的目标导向逐渐向社会总福利倾斜，即在目标参数 θ 趋于 1 的过程中，市场均衡销量不断增加，同时零售价格也在不断递减，市场供应量和消费者所面对的市场价格逐渐趋向完全竞争市场的情形，消费者剩余也随之增加，这时的国有零售商实质上是扮演着保障社会供给、平抑市场价格和保护消费者利益的角色。当国有企业目标参数 θ 达到 1，即以上下游生产厂商、零售商和终端消费者的社会总剩余（$\pi_{RS}(Q) + \pi_M(Q) + CS(Q)$）最大化为经营目标时，国有流通企业销售数量和销售价格的最优决策将仅与社会总边际成本（$SMC = c_M + c_{RS}$）相关，这意味着此时在以生产商和流通商构成的产业链上，国有零售企业将双边垄断市场中的外部性内部化，销售决策不依据购进成本或生产企业的出厂价格，而是根据市场总成本制定与完全竞争市场相同的商品销售规模和零售价格。对于生产企业而言，随着流通领域国有宏观职能的发挥和市场均衡销量的增长，处于上游的生产商可以通过提高出厂价格来扩大自身的生产者剩余，因为生产企业可以预期国有零售商的购销策略是基于社会总福利，其可以享受提高出产价格所产生的边际收益，而由此产生的政策性边际亏损则被流通领域的国有企业所消化。因此，从社会福利分配的角度来看，在本土市场的纵向竞争中引入国有流通企业的所有制安排，一方面保障了需求侧的消费者利益，另一方面在供给侧的生产、流通环节产生了利润的重新分配，使更多的剩余向生产领域倾斜。

5.2 不同所有制流通企业的横向竞争

5.2.1 基本假设

假设 1（市场环境假设）：在封闭经济环境中，流通产业的市场秩序是在国有与民营所有制企业之间展开竞争，两者的生产者剩余及由流通所引致的消费者剩余一同构成了体现本土国民福利的社会总剩余。针对商品流通的渠道环节，简便起见，我们将上下游产业链的主体简化为生产企业（从事商品生产，完全竞争的市场结构）和流通企业（从事商品的最终销售，不同所有制寡头竞争型市场结构）两级，如图 5.2 所示。不失一般性，我们仍将市场的逆需求函数设定为：$p = 1 - Q$，其中市场总销售量为国有与民营流通企业的销量之和，即 $Q = \sum_i q_i$，$i = S$（国有流通企业），P（民营流通企业），消费者的总剩余为：$CS = \dfrac{1}{2} \left(\sum_i q_i \right)^2$。

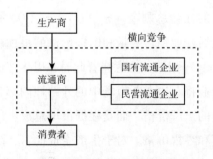

图 5.2 横向竞争市场环境假设

假设 2（企业行为假设）：处于下游的流通企业将面临一个从上游生产企业采购商品的不变成本，根据完全竞争市场的特点，该采购成本即为生产的边际成本，即 $p_0 = MC_M$。除采购成本外，流通企业还将面临与销售数额相关的一个可变成本，它常常与不同所有制流通商的管理协调能力、信息技术水平等企业竞争力有关。我们将此成本统一归为流通管理成本 C，单位成本效率记为 c_i（$0 \leq c_i \leq 1$），$C = c_i q_i$，c_i 越大代表成本效率水平越低。

假定 $\pi_S = (p - p_0 - c_S)q_S$ 和 $\pi_P = (p - p_0 - c_P)$ 分别是国有流通企业和民营流通企业的剩余函数。对应地，两者的最优决策函数分别为：$q_S^* = argmax\pi_S$ $(q_S) + \theta(\pi_P(q_S) + CS(q_S))$，$q_P^* = argmax\pi_P(q_P)$。其中，$\theta$（$0 \leq \theta \leq 1$）仍然作为国有企业的目标参数，代表着国有流通企业经营目标的异质性——与民营流通企业不同的是，在自身的利润目标约束之外，国有流通企业的目标函数还需要考虑最大化社会总剩余。

5.2.2　均衡分析

根据国有和民营流通企业的目标函数，可以得到两者的反应函数分别是：

$$q_S(q_P) = \frac{1 - q_P - p_0 - c_S}{2 - \theta}, q_P(q_S) = \frac{1 - q_S - p_0 - c_P}{2}$$

可以看出，国有流通企业的经营决策不仅是对民营流通企业经营决策的反应，还受到自身目标参数值的影响。当 $\theta = 0$，即国有流通商完全以市场绩效目标为决策导向时，其反应函数将与非国有经济下的竞争情况相一致，此时 $q_S - q_P = c_P - c_S$，不同流通主体的市场销售差额仅与两者之间的效率差距有关。根据反应函数，我们可以得到横向竞争中国有流通企业和民营流通企业的纳什均衡结果如下：

$$q_S^* = \frac{1 - p_0 - 2c_S + c_P}{3 - 2\theta}$$

$$q_P^* = \frac{1 - \theta - (1 - \theta)p_0 + c_S - (2 - \theta)c_P}{3 - 2\theta}$$

由此可知，市场均衡销售额和均衡价格，以及不同市场主体的均衡利润分别为：

$$Q^* = q_S^* + q_P^* = \frac{2 - \theta - (2 - \theta)p_0 - c_S - (1 - \theta)c_P}{3 - 2\theta}$$

$$p^* = 1 - Q^* = \frac{1 - \theta + (2 - \theta)p_0 + c_S + (1 - \theta)c_P}{3 - 2\theta}$$

$$\pi_S^* = \frac{(1 - p_0 - 2c_S + c_P)(1 - \theta + (2 - \theta)p_0 + c_S + (1 - \theta)c_P)}{(3 - 2\theta)^2}$$

$$\pi_P^* = \frac{(1 - \theta - (1 - \theta)p_0 + c_S - (2 - \theta)c_P)(1 - \theta + (2 - \theta)p_0 + c_S + (1 - \theta)c_P)}{(3 - 2\theta)^2}$$

我们发现，市场均衡结果是生产者的出厂价格、国有与民营流通企业的成本效率以及国有流通企业的目标参数综合影响的结果。给定采购价格，在不同所有制企业的经营效率水平和国有企业的经营目标共同作用下将产生不同的市场均衡。我们对 $\theta = 0$ 和 $\theta = 1$ 的情形分别进行讨论。可以看出，当 $\theta = 0$ 时，国有流通企业完全以自身利益最大化为导向参与市场竞争，此时的均衡销量和均衡价格分别为 $\dfrac{2 - 2p_0 - c_S - c_P}{3}$ 和 $\dfrac{1 + 2p_0 + c_S + c_P}{3}$，在市场竞争机制发挥作用的条件下，均衡结果与不考虑国有经济成分时私有制流通主体之间的市场竞争一致。而当 $\theta = 1$ 时，国有流通企业的经营目标考虑的是社会福利的总体目标，即以各类市场主体的剩余和消费者剩余的综合为依据进行决策，此时，国有流通企业和民营流通企业将分别以 $1 - p_0 - 2c_S + c_P$ 和 $c_S - c_P$ 作为最优销售额，市场销售总额和价格分别是：$1 - p_0 - 2c_S$ 和 $p_0 + c_S$。可以看出，当国有流通企业完全以社会福利最大化为目标参与竞争时，国有流通企业无论在什么情况下都将保持一定的产出，从而发挥维持和调节市场流通规模的作用，而民营流通企业只有在自身效率水平高于国有企业时才能获得一定的市场份额，效率水平低于国有企业时的最优策略是退出市场，一定程度上可以认为，国有流通企业此时作为流通领域经营主体的效率"参照系"，在稳定市场的同时促使市场机制将低效率的流通主体排除在市场竞争之外。与此同时，此时的市场销量和市场价格由国有流通企业的效率所决定，效率越高所带来的整体市场规模和相应的消费者福利水平也相对较高，这一机制从一定程度上可以倒逼以社会目标为经营导向的国有流通企业提高自身效率，在流通领域更好地发挥自身的宏观职能。

5.3 模型拓展：政府规制与多种所有制流通企业竞争均衡

在本节中，我们在竞争模型考虑外资流通企业的进入，讨论在开放经济条件下本土国有流通企业、民营流通企业与外资流通企业共同参与竞争的情况。这时，由于外资流通企业的剩余是作为转移利润的形式"流出"本土市场，因而我们应将其看作"生产者剩余损失"不纳入社会总体福利的衡量。在这种多种所有制经济共同竞争的情况下，我们将进一步考虑政府作为社会规制者承担着设计和监督竞争秩序的基本责任，国有流通企业则作为其实施规制的"抓手"履行全部或部分的社会性职能。相较于本土民营和外资流通企业来说，国有流通企业是一个政府规制下不完全以自身经济利益为目标的异质性竞争者。值得注意的是，由于在假设中，政府是作为国有流通企业的规制者而非经营者，因此，企业经营决策与政府规制决策目标可能一致——都以社会总体福利最大化为目标，也可能出现不一致——国有流通企业部分地追求自身经济效益。

5.3.1 基本假设

以上思想构成了我们构建政府规制下不同所有制流通企业竞争模型的基础，由此对市场环境及市场参与主体的相关假设进行如下拓展。

假设 1（市场环境假设）：基于我国多种所有制并存的流通业现实，可以考虑一个在政府规制下的国有、民营与外资流通企业的开放性竞争环境，三者之间是关于同质产品的寡头竞争。政府作为市场监管者，通过设计规章制度直接对国有流通企业进行规制，以最大化社会总剩余，如图 5.3 所示。而这三种所有制的流通企业则是通过最优数量决策以实现自身目标函数的最大化。

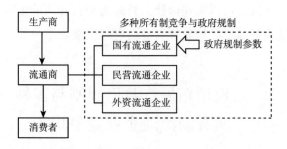

图 5.3　引入开放经济与政府规制的市场环境假设

此时的市场逆需求函数设定依旧为：$p = 1 - Q$，其中市场总销售量是三种所有制企业的销量之和，即 $Q = \sum_i q_i$，$i = S$（国有流通企业），P（民营流通企业），F（外资流通企业）。在此市场环境下，本土消费者的总剩余受到外资企业销售额的影响，$CS = \dfrac{1}{2} \left(\sum_i q_i \right)^2$。

假设 2（企业行为假设）：与上一小节中对企业行为所作的基本设定相一致，流通企业的成本函数依然是 $C = c_i q_i$。由于模型中有三种不同所有制的流通企业参与竞争，企业之间的效率比较颇为复杂，出于谨慎考虑，这里并不人为地对企业的管理成本效率进行先验设定，而是在后续的推演过程中分情况对其处理和论证。

国有与民营流通企业的剩余函数不变，进一步地，引入外资流通企业的剩余函数和最优决策函数分别是：$\pi_F = (p - p_0 - c_F) q_F$ 和 $q_F^* = argmax\, \pi_F(q_F)$。与市场环境假设相一致，在国有企业的决策函数中将进一步引入参数 μ（$0 \leqslant \mu \leqslant 1$）作为政府规制参数。从 $\pi_S + \mu(\pi_P + CS) = (1 - \mu)\pi_S + \mu(\pi_S + \pi_P + CS)$ 可以看出，参数 μ 代表了政府通过规制设计及实施对国有流通企业经营目标的调节。

假设 3（政府行为假设）：针对政府行为的假设将主要聚焦政府的规制行为。由于政府规制的介入使得市场交易发生变化的情况分为两类：一类是政府将行政力量直接作用于市场配置机制，即对交易价格、产权、合约条款等直接进行管制；另一类是通过影响厂商或消费者的决策引起市场均衡的变化。基于我国政企分开的制度特征和政府逐步"简政放权"的改革背景，本

书所涉及的"规制"属于第二类。作为社会规制设计和实施主体，政府通过
影响市场参与者的产出决策而影响市场竞争及均衡结果，从而起到对市场竞
争秩序进行监督的规制目的。在前述市场环境假设与企业行为假设的基础
上，可知参与竞争的不同所有制流通主体之间内生存在着基于最优决策的策
略联动。因此，从技术层面来说，政府在对整个流通领域进行所有制层面的
规制时，其可将规制参数嵌入至竞争系统内的某一所有制企业的目标函数
中，通过市场对象内部的策略互动传导便可发挥影响不同流通主体的规制作
用。因此，此处沿袭并拓展弗拉亚和德尔波诺（Fraja and Delbono，1989）
混合寡占模型的经典假设，将政府的规制决策过程内嵌在国有流通企业的目
标函数中，作为对不同所有制流通企业进行规制的着力点，对流通市场和商
品流通体系进行监管。通过设计和调节规制参数 μ 以最大化社会总剩余 $SS = \pi_S(\mu) + \pi_P(\mu) + CS(\mu)$，即政府的最优决策机制为：$\mu^* = argmaxSS$。

5.3.2　均衡分析：政府规制机制既定

基于以上一系列假定，在政府规制机制 μ 既定的情形下，根据古诺—纳
什博弈的逆向归纳方法，国有流通企业、民营流通企业和外资流通企业的反
应函数分别是：

$$q_S(q_P, q_F) = -\frac{1}{2-\mu}q_P - \frac{1-\mu}{2-\mu}q_F + \frac{1-p_0-c_S}{2-\mu}$$

$$q_P(q_S, q_F) = \frac{1}{2}(1-q_S-q_F-p_0-c_P)$$

$$q_F(q_S, q_P) = \frac{1}{2}(1-q_S-q_P-p_0-c_F)$$

命题 1：在多种所有制经济竞争中，从国有流通企业的反应函数可以看
出，其最优数量是根据自身的经营成本（p_0，c_S）、对手的数量策略（q_P，
q_F）和政府规制（μ）的复合因素进行决策的。与民营、外资流通企业相比
较而言，国有流通企业不再仅依据其竞争对手的数量决策进行反应，作为内
嵌于其目标函数的因子，政府规制机制发挥了不可忽视的影响。此外，我们

还可以得到如下推论。

推论1：当国有流通企业以实现社会总福利最大化为目标，即 $\mu = 1$ 时，其反应函数 $q_S(q_P, q_F) = 1 - q_P - p_0 - c_S = q_S(q_P)$。也就是说，此时其最优数量决策仅与本土民营流通企业的销售策略有关，而与外资在国内流通业中占据的市场份额无关。

推论2：由于 $\mu = 1$ 时，$q_S + q_P = 1 - p_0 - c_S =$ 常数，可知，在流通市场中，若国有经济成分能够完全承担政府所赋予的社会责任，即使有国外投资的进入，由国有流通企业份额和民营流通企业份额构成的本土企业商品销售总额也将保持恒定。这意味着在此情形下，无论民营流通企业的销售额如何变化，以实现社会剩余最大化为目标的国有流通企业发挥着稳定本土企业销量的市场调节作用。此外，本土销售总额与国有流通企业管理效率参数 c_S 呈负相关，国有资本的流通管理效率越高，国内企业的总体销售数量就越大，此时，国有流通企业越能发挥其维护市场稳定和规定市场规模的宏观职能。

根据上述反应函数，可以得到不同所有制流通企业之间开展竞争博弈的均衡解，均衡结果如表5.1所示。

表5.1　　　国有、民营、外资零售企业的博弈均衡结果

市场均衡		解析解
均衡销量	国有流通企业 q_S	$\dfrac{(1+\mu)c_P - (2\mu-1)c_F - 3c_S - (1+\mu)p_0 + \mu + 1}{2(2-\mu)}$
	民营流通企业 q_P	$\dfrac{(\mu-3)c_P + c_F + c_S - (1-\mu)p_0 - \mu + 1}{2(2-\mu)}$
	外资流通企业 q_F	$\dfrac{(1-\mu)c_P - (3-2\mu)c_F + c_S - (1-\mu)p_0 - \mu + 1}{2(2-\mu)}$
均衡价格 p^e		$\dfrac{(1-\mu)c_P + c_F + c_S + (3-\mu)p_0 - \mu + 1}{2(2-\mu)}$
市场总销量 Q^e		$\dfrac{(\mu-1)c_P - c_F - c_S + (\mu-3)p_0 - \mu + 3}{2(2-\mu)}$

通过比较三种不同所有制流通企业的均衡销售数量，由于 $q_F - q_P =$
$\dfrac{(4-2\mu)c_F + (2\mu-4)c_P}{2(2-\mu)} = c_P - c_F$，可以得出如下命题。

命题 2（a）：本土民营流通企业与外资流通企业销售额之差来源于两者之间流通管理成本的差距。即无论内资还是外资，只要相互竞争的流通企业的产权都表现为私有制形式，那么两者之间的绩效差异就直接体现出其效率差距。如果外资企业进入本土市场时配备有强大的专用性资产和先进的流通技术装备，那么他们在销售网络、物流协调和供应链管理等方面更具有竞争优势，从而有效地降低自身的管理成本。在这种情况下，若本土民营企业不积极提高自身流通效率，国内外私有制企业的市场销售业绩差距将进一步扩大。

当政府调节规制参数使得其等于零（$\mu = 0$）时，即规制者完全"放手"国有企业的宏观职能性目标，国有流通企业如民营和外资经济成分一样追求自身剩余最大化。此时，三种所有制流通企业的均衡解分别是：

$$q_{S,\mu=0} = \frac{c_P - 3c_S + c_F - p_0 + 1}{4}$$

$$q_{P,\mu=0} = \frac{-3c_P + c_S + c_F - p_0 + 1}{4}$$

$$q_{F,\mu=0} = \frac{c_P + c_S - 3c_F - p_0 + 1}{2}$$

命题 2（b）：从以上均衡销量可以得到：$\Delta q_{ij} = \Delta c_{ji}$，即任意两种所有制流通商之间的销售额之差都等于其单位成本效率之差。这是由于国有流通企业以最大化自身经济效益时，其目标函数与私有制企业并无二致，因此，与命题 2（a）一致，在开放市场竞争中，不同所有制流通经营主体之间经济效益的不同源自两两流通管理效率的差距。

通过以上两个命题我们可以认为，由于竞争的加剧，外资的进入对本土流通企业产生一种外部性激励。任何一家流通企业想要在竞争中扩大自己的市场份额，就必须致力于加大对信息技术、服务系统等流通相关技术装备的投入，以降低企业的流通费用以及提高流通管理效率。

当政府的规制偏好向社会福利方向倾斜，使得国有流通企业完全以实现社会总剩余为目标时，各企业的均衡决策点为：

$$q_{S,\mu=1} = \frac{2c_P - 3c_S - c_F - 2p_0 + 2}{2}$$

$$q_{P,\mu=1} = \frac{-2c_P + c_S + c_F}{2}$$

$$q_{F,\mu=1} = \frac{c_S - c_F}{2}$$

由于在这种情境下政府规制参数被设定为 1，各所有制流通企业的均衡销售量仅与策略互动主体的成本结构有关。市场均衡销量与均衡销售价格分别是：

$$Q_{\mu=1}^e = \frac{-c_S - c_F - 2p_0 + 2}{2}$$

$$P_{\mu=1}^e = \frac{c_S + c_F + 2p_0}{2}$$

当国有流通企业的经营目标是最大化社会福利时，市场销量和销售价格的均衡解与本土私营流通商的效率无关，而是取决于国有和外资所有制企业的流通效率。在这种情形下，我们可以得到如下命题。

命题 3（a）：当 $c_S \leqslant c_F$ 时，$q_F \leqslant 0$。这意味着在多种所有制流通企业共同参与竞争的市场上，无论本土民营企业效率如何，只要外资流通企业的流通管理效率不高于完全承担社会责任的国有流通企业，其最优策略就是退出市场。在政府的产业规制下，如果外国投资不具备运用更为先进的技术手段将流通成本控制在更低的水平，那么在国内市场上将不存在其立足和经营的份额空间。这是因为低效率的外资企业无法为国内本土流通商提供有效的竞争激励，其利润属于"外溢"的那部分生产者剩余，对提高本国整体社会福利无益。只有掌握低流通成本的竞争优势，外资流通企业才有市场空间继续在华参与竞争，通过厂商竞争激励和消费者产品多样性效应发挥改善社会福利的作用。

命题 3（b）：当 $c_S = c_P = c_F = c$ 时，有 $q_P = 0$，$q_F = 0$，$q_S = 1 - c - p_0$。这

说明当不同所有制流通企业的效率无差异时，作为私有制经济成分的民营和外资企业，其均衡策略是退出市场。此时，以社会福利最大化为目标的国有企业在流通市场上形成卖方垄断的市场结构。

以上两个命题从侧面表明，企业经营目标和流通管理效率的异质性是流通市场上不同所有制多元化并存、竞争和发展的前提。政府在流通产业"引进来"和鼓励民营经济政策上，要充分考虑各所有制企业的成本和效率问题，而非无差别地"招商引资"。在对国有流通企业规制既定的情形下，只有考察和比较不同所有制流通企业之间的效率差异，才能引导市场达到"多种所有制经济共同发展"的稳态均衡并实现社会福利的帕累托最优。

5.3.3 均衡分析：政府规制机制动态调整

上述分析是基于政府规制下的国有流通企业单一目标的设定，即国有经济成分要么被视为与私有制企业一般追求企业私利，要么与政府目标一致完全承担宏观社会职能——传统规制机制。而在现实经济中，政府作为能动的规制设计者和实施者，会根据政策目标和产业发展背景，动态地调整规制参数，以实现在不同阶段和不同目标下的最优规制者决策。纳入对政府规制决策行为的考虑，在竞争均衡的基础上，分别计算出各市场参与主体的剩余，如表5.2 所示。

表5.2 各市场参与主体的剩余

项目	剩余
国有流通企业 π_S	$\dfrac{((1-\mu)c_p+c_F-(3-2\mu)c_S-(1-\mu)p_0-\mu+1)((1+\mu)c_P-(2\mu-1)c_F-3c_S-(1+\mu)p_0+\mu+1)}{4(2-\mu)^2}$
民营流通企业 π_P	$\dfrac{((\mu-3)c_P+c_F+c_S-(1-\mu)p_0-\mu+1)^2}{4(2-\mu)^2}$
外资流通企业 π_F	$\dfrac{((1-\mu)c_P-(3-2\mu)c_F+c_S-(1-\mu)p_0-\mu+1)^2}{4(2-\mu)^2}$
消费者 CS	$\dfrac{((\mu-1)c_P-c_F-c_S+(\mu-3)p_0-\mu+3)^2}{8(2-\mu)^2}$
社会总剩余 SS	$\pi_S+\pi_P+CS$

根据表 5.2，可以得到国有流通企业剩余函数的一阶条件为：

$$\frac{\partial \pi_S}{\partial \mu} = \frac{(c_S - c_P + c_F + p_0 - 1)((3\mu - 3)c_S + (1 - 2\mu)c_P + (\mu + 1)c_F + (2\mu - 1)p_0 - 2\mu + 1)}{2(\mu - 2)^3},$$

令 $\frac{\partial \pi_S}{\partial \mu} = 0$，有 $\mu_{\pi_S}^* = \frac{3c_S - c_P - c_F + p_0 - 1}{3c_S - 2c_P + c_F + 2p_0 - 2}$，证明如下：

由于 μ 的取值范围是 $[0, 1]$，有 $2c_F - c_P + p_0 - 1 \geq 0$。当 $c_S \geq c_F$ 时，满足 $c_S - c_P + c_F + p_0 - 1 \geq 0$。

此时只需 $f(\mu) = \frac{(3c_S - 2c_P + c_F + 2p_0 - 2)\mu - 3c_S + c_P + c_F - p_0 + 1}{2(\mu - 2)^3} \geq 0$，

即有 $\frac{\partial \pi_S}{\partial \mu} \geq 0$。

由 $c_S \geq c_F$ 可知：$3c_S - 2c_P + c_F + 2p_0 - 2 \geq 4c_F - 2c_P + 2p_0 - 2 = 2(2c_F - c_P + p_0 - 1) \geq 0$。又由于 $2(\mu - 2)^3 \leq 0$，得：$0 \leq \mu \leq \mu_{\pi_S}^*$，$\frac{\partial \pi_S}{\partial \mu} \geq 0$；$\mu_{\pi_S}^* < \mu \leq 1$，$\frac{\partial \pi_S}{\partial \mu} < 0$。

当 $c_S < c_F$ 且 $c_S - c_P + c_F + p_0 - 1 < 0$ 时，只需 $f(\mu) < 0$，即有 $\frac{\partial \pi_S}{\partial \mu} \geq 0$。

$$f(\mu) < 0 \Rightarrow (3c_S - 2c_P + c_F + 2p_0 - 2)\mu - 3c_S + c_P + c_F - p_0 + 1 \geq 0$$

$$\Rightarrow (3c_S - 2c_P + c_F + 2p_0 - 2)\mu \geq 3c_S - c_P - c_F + p_0 - 1$$

由于 $3c_S - 2c_P + c_F + 2p_0 - 2 < 2c_S - 2c_P + 2c_F + 2p_0 - 2 = 2(c_S - c_P + c_F + p_0 - 1) < 0$ 且 $2(\mu - 2)^3 \leq 0$，得：$0 \leq \mu \leq \mu_{\pi_S}^*$，$\frac{\partial \pi_S}{\partial \mu} \geq 0$；$\mu_{\pi_S}^* < \mu \leq 1$，$\frac{\partial \pi_S}{\partial \mu} < 0$，结论与上述一致。因此，

当 $0 \leq \mu \leq \mu_{\pi_S}^*$ 时，$\pi_S(\mu)$ 为单调递增；$\mu_{\pi_S}^* < \mu \leq 1$ 时，$\pi_S(\mu)$ 为单调递减。证毕。

这意味着在政府规制参数 μ 从 0 向 1 调节的过程中，国有流通企业的经营目标逐渐从经济绩效向宏观社会目标偏移，但国有流通企业的剩余并未表现出一个线性的递减关系。在 $\mu \in [0, \mu_{\pi_S}^*]$ 的取值范围内，即使国有流通企

业逐渐偏离经济目标，但其经济利润非但没有下降，反而呈上升趋势向最大化剩余趋近；在 $\mu \in \left[\mu_{\pi_S}^*, 1 \right]$ 的范围内，随着国有流通企业向最大化社会福利目标接近，其剩余开始转为递减趋势，并最终收敛于零。由此，可以提出以下命题与推论。

命题 4：随着政府规制行为的动态调整，国有流通企业剩余呈倒"U"型变化，并在政府规制参数 $\mu = \mu_{\pi_S}^*$ 处达到最大值。这反映出在流通产业中，国有经济在履行社会福利最大化的宏观职能与追求利润最大化的微观效益之间不存在简单的线性冲突。

推论 3：当 $c_S = c_P = c_F = c$ 时，$\mu_{\pi_S}^* = 0.5$，即当不同所有制企业的效率趋同时，对应国有流通企业利润最大化的政府规制参数取值为 0.5。这意味着如果政府对于流通产业的政策偏好是实现国有资产的最大增值，在这种情形下，政府规制决策就需要在国有流通社会责任和企业责任之间寻找一个"完美的"平衡。

上述分析表明，国有经济作为政府对流通产业实施规制的一种政策工具（命题 1 及其推论），其在承担宏观职能的同时并不一定需要牺牲微观主体的市场销售利益。相反，国有流通企业在政府规制下的混合目标能够部分地弥补纯私有制企业市场竞争中的固有不足——纯私有制经济的博弈中会出现的"囚徒困境"，给定竞争对手的数量决策，古诺均衡结果往往不是帕累托最优，而是形成比合谋时更大的决策销量，从而导致更低的均衡销售价格。政府通过对规制机制的设计，使得国有流通企业的决策行为符合某一设定的政策目标，进而影响各不同所有制流通商之间的策略互动结果。

类似地，根据表 5.2 中各市场参与主体的剩余以及社会总剩余，可以刻画出政府规制与各经济主体之间的关系，如表 5.3 所示。

表 5.3 规制机制与各市场参与主体剩余的单调性

项目	+	−
国有流通企业 π_S	$\left[0, \dfrac{3c_S - c_P - c_F + p_0 - 1}{3c_S - 2c_P + c_F + 2p_0 - 2} \right]$	$\left[\dfrac{3c_S - c_P - c_F + p_0 - 1}{3c_S - 2c_P + c_F + 2p_0 - 2}, 1 \right]$
民营流通企业 π_P	$\left[\dfrac{-c_S + 3c_P - c_F + p_0 - 1}{c_P + p_0 - 1}, 1 \right]$	$\left[0, \dfrac{-c_S + 3c_P - c_F + p_0 - 1}{c_P + p_0 - 1} \right]$

项目	+	-
外资流通企业 π_F	$\left[\dfrac{c_S+c_P-3c_F-p_0+1}{c_P-2c_F-p_0+1}, 1\right]$	$\left[0, \dfrac{c_S+c_P-3c_F-p_0+1}{c_P-2c_F-p_0+1}\right]$
消费者 CS	$[0, 1]$	——
社会总剩余 SS	$\left[0, \dfrac{9\,c_S-7\,c_P+c_F+3p_0-3}{6\,c_S-5\,c_P+2c_F+3p_0-3}\right]$	$\left[\dfrac{9\,c_S-7\,c_P+c_F+3p_0-3}{6\,c_S-5\,c_P+2c_F+3p_0-3}, 1\right]$

注:"+"代表市场参与主体的剩余随着规制参数 μ 单调递增,"-"代表市场参与主体的剩余随着规制参数 μ 单调递减。

从表 5.2 中可以看出,对于民营流通企业和外资流通企业来说,其经营利润随着政府规制参数从 0 调整至 1 的过程中呈倒"U"型变动,变动趋势与上述分析的国有流通企业相反。与命题 4 中的讨论类似,两者的剩余函数分别于 $\mu=\dfrac{-c_S+3c_P-c_F+p_0-1}{c_P+p_0-1}$ 和 $\mu=\dfrac{c_S+c_P-3c_F-p_0+1}{c_P-2c_F-p_0+1}$ 处达到极小值。对于消费者剩余,其对规制参数的一阶偏导为:$\dfrac{\partial \pi_S}{\partial \mu}=$

$\dfrac{(c_S-c_P+c_F+p_0-1)(-c_S+(\mu-1)c_P-c_F+(\mu-3)p_0-\mu+3)}{4(\mu-2)^3}$,可知,使得消费者剩余函数由单调增函数转变为单调减函数的拐点处于 $\mu=\mu^*{}_{CS}=$

$\dfrac{3c_S-c_P-c_F+p_0-1}{3c_S-2c_P+c_F+2p_0-2}$。由于 $0\leqslant\mu\leqslant1$,为保证均衡市场容量 Q^e 不为负,有

$\mu\leqslant\mu^*_{CS}$ 恒成立。因此,在 $\mu\in[0, 1]$ 内,$\dfrac{\partial \pi_S}{\partial \mu}\geqslant0$,随着政府规制政策逐步向社会福利目标偏斜,消费者剩余恒表现为非线性单调递增趋势。本土流通企业剩余($\pi_S+\pi_P$)与由全流通所引致的消费者剩余(CS)的加总构成了社会总剩余 SS,显然,它的单调性与规制机制之间也不呈现简单的正比或反比关系。相比于国有流通主体在规制参数 $\mu=\dfrac{3c_S-c_P-c_F+p_0-1}{3c_S-2c_P+c_F+2p_0-2}$ 处实现企业利润最大化,社会总剩余先随着 μ 的增大而提升,并在 $\mu=$

$\dfrac{9c_S-7c_P+c_F+3p_0-3}{6c_S-5c_P+2c_F+3p_0-3}$ 时达到极大值,而后随着 μ 的增大而降低。这意味

着使国有流通企业利润最大化与整体社会福利最优的政府规制机制存在差异性。

为了更直观清晰地表达规制机制对流通领域各市场主体福利的影响，本书对模型进行数值模拟。出于模型简洁性的考虑，我们将民营所有制和外资所有制这两类私有经济成分的流通企业视为效率等同，令其单位流通成本 $c_P = c_F = c_\gamma$，这种情形下两者的剩余函数趋同。在模拟过程中，相对于上述所有制的流通效率而言，国有流通企业可划分为低效、等效和高效三种效率水平。需要注意的是，规制机制的设计应能够保证市场参与主体不出现非正的剩余，因此，若规制参数 μ 使其结果低于临界值，则对应的剩余函数取零值。具体参数设置及剩余函数如表 5.4 所示。

表 5.4　　　　　　　　　　数值模拟的参数设置

参数设置	$c_P = c_F = c_\gamma = 0.50$		
	模拟 1	模拟 2	模拟 3
	国有流通企业低效	等效	国有流通企业高效
	$c_S > c_\gamma$	$c_S = c_\gamma$	$c_S < c_\gamma$
	$c_S = 0.60$	$c_S = 0.50$	$c_S = 0.30$
国有流通企业剩余 π_S	$\begin{cases} \dfrac{-0.0375\mu^2 + 0.01\mu + 0.01}{(2-\mu)^2}, & 0 \leqslant \mu \leqslant \dfrac{2}{3} \\ 0, & \dfrac{2}{3} < \mu \leqslant 1 \end{cases}$	$\dfrac{-0.0625\mu^2 + 0.0625}{(2-\mu)^2}$	$\dfrac{-0.1125\mu^2 - 0.11\mu + 0.3025}{(2-\mu)^2}$
民营/外资流通企业剩余 π_P, π_F	$\dfrac{0.25(0.6 - 0.5\mu)^2}{(2-\mu)^2}$	$\dfrac{0.0625(1-\mu)^2}{(2-\mu)^2}$	$\dfrac{0.0625(0.6 - \mu)^2}{(2-\mu)^2}$
消费者剩余 CS	$\dfrac{0.125(1.4 - 0.5\mu)^2}{(2-\mu)^2}$	$\dfrac{0.03125(3 - \mu)^2}{(2-\mu)^2}$	$\dfrac{0.03125(3.4 - \mu)^2}{(2-\mu)^2}$
社会总剩余 SS	$\pi_S + \pi_P + CS$		

基于以上参数设置，模拟1～模拟3的结果依次为国有流通企业低效、不同所有制流通企业等效和国有流通企业低效时政府规制机制下的福利效应结果，如图5.4所示。当国有经济主体的流通管理效率低于民营所有制企业和外资所有制企业时，与命题4相一致，国有流通企业剩余随着规制参数 μ 的递增呈现先增加后减少的非线性变动，在 $\mu = \dfrac{2}{7}$ 处其剩余达到最大值（$\pi_S = 0.0033$），而后开始下降，此时，社会整体福利仍保持上升趋势。进一步地，在国有经济逐渐偏离微观经济绩效并向宏观目标趋近的过程中，直到规制机制调整至 $\mu = \dfrac{2}{3}$ 时，国有流通企业剩余降至0值并实现社会总剩余最大化（$SS = 0.09$）。这意味着在 $\mu \in \left[\dfrac{2}{7}, \dfrac{2}{3} \right]$ 的区间内，对流通领域社会福利的追求会在一定程度上引致国有流通主体偏离帕累托最优，也就是说，产业规制者需要面临一个在国有资产剩余的损失与社会整体福利提升之间的权衡。在国有经济成分低效的假设下，随着规制机制从0到1的调整，民营和外资流通企业剩余显示为非线性衰减，并在以社会福利最大化为规制目标（$\mu = 1$）时达到极小值。与上述分析类似，在不同所有制流通等效的模拟中，当规制参数取值为0.5时，国有流通企业利润最大化（$\pi_S = 0.0208$）。这一数值模拟的结果从直观上印证了推论3。而社会总剩余在 $\mu = 1$ 时才实现最优解，这同样表明了规制机制在国有经济微观效率与社会宏观目标之间存在取舍关系。最后，模拟3是基于国有流通效率较高的假设，从模拟结果可以看出，在 $\mu \in \left[0, 1 \right]$ 内社会整体福利表现出递增趋势，而国有流通企业在 $\mu = \dfrac{11}{16}$ 时实现最大化自身经济效益（$\pi_S = 0.1008$）。与国有经济的变化相反，随着规制机制向社会宏观目标偏移，本土民营所有制和外资所有制流通商剩余呈现先减后增的趋势，并在 $\mu = \dfrac{3}{5}$ 时降为最低销售利润（$\pi_P = \pi_F = 0$）。

综合以上分析和数值模拟可以看出，在多种所有制经济共同发展的情形下，对流通产业的规制机制 μ 具有一定的福利分配效应，由此可以得到以下命题。

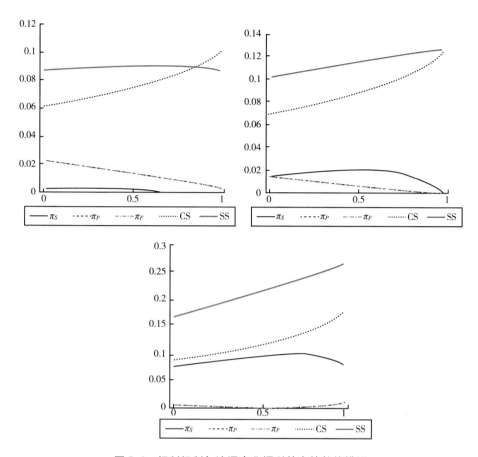

图 5.4　规制机制与流通产业福利效率的数值模拟

命题 5：政府规制机制对流通市场上的各参与主体的利益具有显著的分配效应，并且分别对不同主体剩余的影响呈现异质化的非线性复杂关系。作为流通市场的规制设计者和实施者，政府这一行为主体必须在各社会利益方之间进行审慎权衡，以实现不同的政策目标或规制效果。这与传统规制中国有流通企业作为以实现社会总体目标即最大化社会总剩余的单一政策工具不同，此时的最优规制机制应结合不同所有制流通企业的效率比较、国有经济的微观效率损失以及社会整体福利等多方面因素进行综合考虑和具体设计。这种产业规制被赋予了多目标、多实施路径的弹性优势，但同时规制设计和实施的复杂性也进一步加深。

上述命题从另一个角度表明，不同所有制流通企业的销售决策以及市场均衡结果都严重依赖于规制参数 μ。如果社会规制者未事前确定有效的市场机制，则各市场参与主体无法对 μ 及其变动形成正确预期，从而导致市场无法达到稳定的均衡，市场销售价格和销售量都存在非理性波动的风险。这意味着流通上下游的生产者和消费者都面临商品供给或需求的不确定性，流通无法正常承担其中介职能，流通产业也无法发挥其先导性产业的作用。这与国有经济成分往往在市场经济中发挥对冲风险、引导竞争预期的稳定器作用有关。多种所有制流通企业共同竞争条件下，流通产业规制的一项重要内容是：在既定的产业政策下，政府规制机制的设计需要有明确且稳定的目标导向，即对国有流通企业的目标函数有明确预期。也就是说，作为嵌入在国有流通企业目标函数的规制工具，参数 μ 需要特定阶段或发展背景的政策相一致，并且成为各市场竞争参与者决策预期中的先导信号。

5.4　本章小结

基于混合寡占模型，在严格给定基本假设的基础上，本章探讨了不同所有制流通企业的经营目标函数、互动竞争策略以及由古诺—纳什博弈的逆向归纳方法推导出相应的竞争均衡。

在封闭经济条件下，首先分别讨论了不同所有制流通企业与生产企业之间的纵向竞争以及不同所有制流通企业之间的横向竞争。纵向竞争均衡结果显示，在民营流通企业与生产企业的纵向产业链表现出双重加价特征，而在流通领域引入考虑社会整体福利目标的公有制安排后，国有流通企业在一定程度上起到了稳定供给、平抑价格和增加消费者剩余的作用，与此同时，供给侧福利分配更多地向生产领域倾斜。横向竞争均衡结果表明，当国有经济完全以社会福利最大化为目标参与竞争时，国有流通企业在一定程度上发挥着维持市场流通规模和促进市场微观主体提高经营效率的作用。

在考虑外资进入的开放经济条件下，本章进一步将模型拓展至引入政府规制（以规制参数的形式内嵌于国有流通企业的目标函数）的情形，分别在规制机制既定和规制机制动态调整的两种市场均衡中对国有、民营和外资流通企业三者之间的混合竞争进行探讨，基于均衡结果分析得到了一系列有意义的命题。主要从政府规制机制既定的角度论证了：只有考察和比较不同所有制流通主体之间的效率差异，才可能实现多种流通所有制并存的市场均衡；从规制机制动态调整的角度考虑国有流通企业作为一种政府规制工具在流通领域发挥市场治理功能的可能性，推演出其混合目标能够部分地弥补纯私有制企业市场竞争中的固有不足，并且在承担社会责任的同时并不一定需要牺牲自身的微观经济利益，与此同时，政府规制机制的调整对流通市场的参与主体具有明显的分配效应。

第 6 章

流通产业竞争与规制的微观效应检验

为了厘清流通领域内竞争和规制对微观主体所产生的经济效应，本章将进一步在"企业—市场—政府"的分析框架中针对不同所有制共同参与市场竞争背景下流通企业微观绩效的影响因素进行实证检验。

通过前面的梳理和分析可知，随着流通体制改革流通领域中逐渐形成了多种经济成分并存的竞争格局及相应的市场结构，基于所有制的竞争及规制将会对流通企业微观层面的均衡结果产生影响。在这一章中，我们从市场竞争强度和政府规制程度两个角度，分别对其微观效应进行实证检验。

6.1　理论分析与研究假设

在第 5 章中，我们基于混合寡占模型对不同所有制流通企业竞争策略、均衡结果以及相应的数值模拟结果作出相应的理论分析，从而认为国有与非国有流通企业是具有异质性经营目标的市场主体，在政府规制机制动态调整的过程中，国有流通企业将基于自身微观利益与社会福利最大化的混合目标进行决策，不同经济成分在共同参与竞争的互动过程中也会对彼此的经营决策产生相互影响，由此，政府规制以规制参数的形式内嵌于对流通产业调控的全过程中。因此，在多种流通所有制并存的市场环境中，市场竞争机制与政府规制机制将共同作用于流通企业的市场均衡和微观绩效。

　　从这一角度出发，我们先在不考虑政府规制的情形下考察以竞争强度衡量的市场机制对不同所有制流通企业绩效所产生的影响。结合对前面已有文献的综述可知，市场结构通过影响企业行为决定其市场绩效的假说是哈佛学派产业组织理论的主要思想之一。竞争作为经济活动主要表现形式之一，与企业效率的关系在任何市场或行业中都十分紧密。著名经济学家希克斯（Hicks，1935）最早提出缺乏竞争会降低企业效率的"安逸生活假说"，认为企业家一旦拥有垄断势力就会降低自身的努力程度，从而导致经济效率下滑。伯格和汉南（Berger and Hannan，1998）通过对美国银行业的研究所得出的结论也支持此假说。莱宾斯坦（Leibenstein，1996）也认为外部竞争的引入对企业提高管理和决策水平会产生正向激励。在前述对批发和零售行业的效率进行测度时我们也关注到，外资进入所带来的竞争冲击对于零售业来说，能够促使其在商品购进和人员投入方面的资源配置以及企业经营效率都得到一定的改善。与此观点相对应的是，"过度竞争"可能损害经济效率。根据斯蒂格利茨（stiglitz，1994）基于对完全竞争和完全可竞争市场的批判，其认为有时自由的现实竞争及潜在竞争都有可能降低社会福利或者导致经济效率的劣化。一方面，在竞争过程中，学习效应和竞争策略可能带来资源的浪费；另一方面，企业为争夺市场而追加的投入可能并非完全有效率的。有学者在研究欧洲和墨西哥市场的竞争强度与经济效率的关系时，检验出了两者之间的负相关关系（Maudos and Guevara，2007；Solís and Maudos，2008）。流通领域显见的一个例证是：当商圈内需求一定而企业数量过多时，商业企业倾向于通过打"价格战"等粗放的竞争手段获取市场份额，而非专注于提升自身管理、技术等实际商业能力和经营水平，从而导致各企业利润下滑甚至产生亏损。鉴于此，对于市场竞争对于流通企业所产生的微观效应检验，拟考虑线性和非线性形式的两种模型分别对流通领域的竞争程度与企业的市场绩效之间的关系进行检验，以发掘市场竞争对流通企业效率的影响。

　　在考虑市场竞争机制的基础上，笔者认为应当继续考虑政府规制对流通企业微观层面经济效益的影响。本书考虑政府在实施规制的情形之一是将国有流通企业作为设计规制机制的政策"抓手"，以此在流通领域实施经济性规制。在前面的论述中，通过将政府规制机制的作用进一步纳入"企业—市场"的框架可以发现，规制设计使得国有流通企业的经营决策在不同程度上兼顾国有经济的宏观职能，进而影响各不同所有制流通商之间的策略互动结果。在此基础上，本章检验政府规制程度对企业绩效的影响。对于如何在微观层面衡量政府规制程度，将考虑在库珀和希勒（Cooper and Sherer，1984）的"政治经济会计学（political economy accounting）"的框架中以企业所承担的社会责任水平作为代理指标，考察其对企业微观绩效的影响，这是基于黎文靖（2012）的研究结论：我国企业承担社会责任并非单纯地以慈善或追求经济利益最大化为目的，而是政府官员出于自身政治利益的考量而对企业进行干预以及企业相应进行政治寻租的结果。这意味着不同于西方企业的实践，我国企业的社会责任报告更多地表现为由政府自上而下推动的结果，而并非是企业的一种自发决策。这个观点与驱动企业承担社会责任的"外生说"（赵存丽，2014）相一致——企业本身没有内在动力承担社会责任，而是由外部力量迫使企业不得不为之。在这一假设下，通过检验企业的社会责任水平对其经济效益的影响即可得到流通领域政府规制的微观效应。企业社会责任与企业绩效之间的关系在已有文献中的结论并不一致，尽管奥尔利茨基等（Orlitzky et al.，2003）在对 52 篇相关研究的结论进行荟萃分析时发现了两者之间的正相关关系，但实际影响要复杂得多（Siegel，2000；Hull，2008），有时可能还需考虑到非线性影响（冯锋和张燕南，2020）。此外，由第 5 章中的命题 5 可知，政府规制机制对流通市场上的各参与主体剩余的影响呈现非线性的复杂关系，在这一理论性结果的基础上，本章对政府规制微观效应的考察实质上也是对这一命题某个维度上的检验。

6.2　研究设计

6.2.1　样本选择和数据来源

本章所使用的数据是基于微观企业层面的样本，根据全球行业分类标准（GICS）选取了批发和零售贸易行业中共 188 家流通上市企业，涉及的细分行业包括一般零售、专业零售、百货零售、食品零售与批发、综合供应商等。为保证各变量选取的连续性、完整性和一致性，对数据的收集将时间跨度设定为 2010~2019 年的样本区间，经过在可得范围内的样本清洗，最终得到的总样本容量为 1408 个观测值。流通上市企业的财务数据均来自国泰安（CSMAR）数据库，社会责任数据来源于和讯网的《上市公司社会责任报告》。

6.2.2 变量定义

6.2.2.1 被解释变量

用于衡量企业绩效变量的指标包括两个常用指标：总资产利润率（ROA）和托宾 Q 值（TobinQ）。以净利润和总资产平均余额的比值衡量的资产收益率能够较好地反映流通企业的财务收益状况，总资产平均余额由资产合计期末余额和资产合计期初余额的平均值计算得到。除了账面收益，我们还考虑纳入对流通企业长期市场表现的考察。而托宾 Q 值则是反映公司增长潜力的重要指标，一定程度上隐含了市场的认可程度，托宾 Q 值越高的企业一般成长性也越好。在此基础上，对以上指标做 1% 水平下的双缩尾（winsorize）处理，以排除样本内异常值的干扰。

6.2.2.2 解释变量

由于本书所考虑的影响因素包含市场竞争和政府规制两个维度，因此，分别在两个维度上选取了相关代理变量。

首先，我们需要衡量行业内的市场竞争强度，这里的行业是按照上市企业分类标准所划分的细分行业。对于市场竞争程度的指标，选择以赫芬达尔 - 赫希曼指数（HHI）和行业价格成本边际指数（PMC）来衡量。其中，赫芬达尔 - 赫希曼指数通常以测算行业集中度来衡量行业层面的市场竞争强度，计算方法如下：

$$HHI = \sum S_i^2 = \sum (X_i/X)^2$$

其中，S_i 为行业内第 i 家企业的市场份额占有率，是行业内参与竞争的某一企业的主营业务收入 X_i 占行业总收入 X 的百分比。该指数在测度行业集中度相关情况时取值在 0~1，兼具绝对指标和相对指标的优势，对于规模较大企业市场占有率的变动情况相对小企业而言更为敏感，同时不会受到企业数量和分布的影响，因而能够很好地反映行业集中度的变化情况。

除此之外，还考虑将行业价格成本边际指数作为衡量市场竞争情况的代理变量。价格成本边际指数作为非结构化市场势力的测度方法，可以由价格与边际成本之差对价格的比值来体现企业在边际成本上的定价能力，基于企业层面信息可获得对企业市场竞争地位的评价。由于各企业的成本函数不易度量，借鉴吴昊旻等（2012）、陈丽蓉等（2021）等的做法，该指数将由除营业成本、销售费用以及管理费用外的营业净收入与营业收入的比值来替代。基于此得到的行业平均价格成本边际指数能够反映一个行业内整体市场势力的高低情况。

以上两个指数都是负指标，即在市场可容纳的企业数量一定时，相关指数越高，代表行业内企业规模差距越大，市场势力越为集中，行业竞争程度也就越低。

除了市场竞争强度外，进一步考虑在政府规制维度上选取相关指标。由于政府在流通领域实施规制的目的无非是实现社会总福利最大化和流通产业的健康发展，为达到这一规制目标，流通企业不能仅追求自身的经营效益最大化，兼顾社会责任目标对于政府规制目标的实现至关重要，尤其是国有流通企业本身的经营决策就包含了这两方面的混合目标。因此，可以认为，企业所承担的社会责任水平在很大程度上能够反映政府规制的程度。基于此，本书拟选取由流通企业的社会责任指数（SS）作为政府规制的代理指标。所选用的数据是由和讯网根据上市企业披露的社会责任报告及年报进行专业测评而发布的指数（MCT-CSR），由对企业股东责任，员工责任，供应商、客户和消费者权益责任，环境责任和社会责任五个方面的综合评价得到的社会责任总指数，得分越高的企业其承担的社会责任也就越多，该评价体系指数自 2010 年起每年定期发布。

6.2.2.3　调节变量

引入企业所有制类型（*Ownership*）的虚拟变量作为调节变量，当流通企业为国有企业时，虚拟变量取值为 1，否则为 0。我们还考虑用国有股占股本总数的百分比——国有股占比（*SOEshare*）作为该调节变量的代理指标，通过引入调节变量以及相关的交互项，分别考察这两个变量的调节作用。

6.2.2.4　控制变量

已有研究表明，影响企业市场绩效的因素众多，因此，还将控制流通企业微观层面的其他个体差异因素，主要包含反映企业规模、股权结构、财务状况、发展潜力的相关指标。在企业规模方面，模型将考虑选择以上市年限（*age*）反映流通企业的发展年限，以年末员工数量（*employee*）衡量企业在人员要素构成方面的总体规模。接着，分别选取股东数量（*stockholder*）和年报发布当期股本结构是否变化（*Capitalstructure*）的虚拟变量来反映企业在股权结构方面的公司治理情况。对于财务状况指标，将选取两个相关指标：一是以总负债与总资产的比值所衡量的资产负债率（*Debt_asset*）；二是以应付账款对销售收入的占比所反映的企业商业信用融资能力（*Credit*）。出于对企业长远发展潜力的考虑，以研发投入（*RDExp*）和海外业务收入（*Overseas*）来衡量企业未来业务经营潜力与市场拓展空间。为了使数据变得平滑以及消除变量偏度、分布和量纲的影响，对上述绝对量形式的各个变量作取对数处理，相应得到 *lnage*、*lnemployee*、*lnstockholder* 和 *lnRDExp*。此外，对于是否控制个体固定效应，后续将进一步在模型构建时通过计量检验来判别。最后，模型还以引入虚拟变量的形式控制年份固定效应（*YEAR*）和行业固定效应（*IND*）。选取的主要变量及衡量方式如表 6.1 所示。

表 6.1　　　　　　　　　　　　　变量定义

变量类型	变量名称	衡量方式	变量标识
被解释变量	总资产净利润率	净利润/总资产平均余额；1% 水平的双缩尾处理	*ROA*
	托宾 Q 值	企业市场价值/资产总计；1% 水平双缩尾处理	*TobinQ*
解释变量	赫芬达尔－赫希曼指数	$HHI = \sum (X_i/X)^2$，其中 X_i 为第 i 个企业的主营业务收入，$X = \sum X_i$	*HHI*
	价格成本边际指数	$L = \sum L_i/n$；其中 $L_i =$（营业收入 － 营业成本 － 销售费用 － 管理费用）/营业收入，n 为行业内企业数量	*PMC*

变量类型	变量名称	衡量方式	变量标识
调节变量	所有制类型	企业实际控制人是否为国有控股；0 = 非国有，1 = 国有	*Ownership*
	国有股占比	国有股/股本总数	*SOEshare*
控制变量	上市年限	根据企业实际上市时间得到的上市年限取对数	lnage
	员工数量	年末员工总人数取对数	lnemployee
	股东数量	年末股东总数取对数	lnstockholder
	股本结构	股本结构是否变化；0 = 未变化，1 = 有变化	*Capitalstructure*
	资产负债率	总负债/总资产	*Debt_asset*
	商业信用融资能力	应付账款/销售收入	*Credit*
	研发投入	研发投入支出取对数	lnRDExp
	海外业务收入	海外业务收入/营业收入	*Overseas*

6.2.3 模型构建

首先，构建以下四个基准模型对其进行实证分析，在控制以上选取的控制变量、行业固定效应和年份固定效应的基础上，运用多元线性模型检验流通企业效率与市场竞争程度的关系。

$$ROA_{i,t} = a_0 + a_1 HHI_{i,t} + \sum_j control + \sum YEAR$$
$$+ \sum IND + \varepsilon_{i,t} \tag{6.1}$$

$$ROA_{i,t} = a_0 + a_1 HHI_{i,t} + a_2 HHI_{i,t}^2 + \sum_j control$$
$$+ \sum YEAR + \sum IND + \gamma_{i,t} \tag{6.2}$$

$$ROA_{i,t} = a_0 + a_1 PCM_{i,t} + \sum_j control + \sum YEAR$$
$$+ \sum IND + \delta_{i,t} \tag{6.3}$$

$$ROA_{i,t} = a_0 + a_1 PCM_{i,t} + a_2 PCM_{i,t}^2 + \sum_j control$$
$$+ \sum YEAR + \sum IND + \zeta_{i,t} \tag{6.4}$$

这里，加入平方项 $HHI_{i,t}^2$ 和 $PCM_{i,t}^2$ 的目的是检验解释变量与被解释变量之间是否存在非线性关系。在此基础上，后续还将以 $TobinQ_{i,t}$ 替代 $ROA_{i,t}$ 作为被解释变量对模型估计结果进行稳健性检验。

其次，在基准模型的基础上，考虑到流通企业所有制类型变量或国有股占比对于这一微观效应可能具有某种调节效应，我们将其以调节变量的形式加入模型，分别引入其与市场竞争强度变量各次项的交互项，以考察流通所有制在行业竞争与企业效率之间的关系上发挥何种作用。根据基本模型得到的估计结果判断是否加入解释变量的平方项以及平方项与调节变量的交互项。可能的模型将如下：

$$
\begin{aligned}
ROA_{i,t} = a_0 &+ a_1 HHI_{i,t} + a_2 HHI_{i,t}^2 + a_3 HHI_{i,t} \times Ownership \\
&+ a_4 HHI_{i,t}^2 \times Ownership + \sum_j control \\
&+ \sum YEAR + \sum IND + \epsilon_{i,t}
\end{aligned}
\tag{6.5}
$$

$$
\begin{aligned}
ROA_{i,t} = a_0 &+ a_1 PCM_{i,t} + a_2 PCM_{i,t}^2 + a_3 PCM_{i,t} \times Ownership \\
&+ a_4 PCM_{i,t}^2 \times Ownership + \sum_j control \\
&+ \sum YEAR + \sum IND + \sigma_{i,t}
\end{aligned}
\tag{6.6}
$$

最后，检验政府规制微观效应，拟在上述模型的基础上构建加入社会责任变量的多元线性模型，也加入平方项以考察企业微观效率与政府规制之间是否存在非线性关系。

$$
\begin{aligned}
ROA_{i,t} = a_0 &+ a_1 HHI_{i,t} + a_2 HHI_{i,t}^2 + a_3 SS_{i,t} + a_4 SS_{i,t}^2 \\
&+ \sum_j control + \sum YEAR + \sum IND + \bar{\omega}_{i,t}
\end{aligned}
\tag{6.7}
$$

$$
\begin{aligned}
ROA_{i,t} = a_0 &+ a_1 PCM_{i,t} + a_2 PCM_{i,t}^2 + a_3 SS_{i,t} + a_4 SS_{i,t}^2 \\
&+ \sum_j control + \sum YEAR + \sum IND + \omega_{i,t}
\end{aligned}
\tag{6.8}
$$

6.3   描述性统计

在进行实证检验之前，我们先对上述模型（1）~模型（8）所涉及的变量作描述性统计，结果如表 6.2 所示。可以看出，经过双缩尾处理的企业绩效指标——总资产净利润率和托宾 Q 值的平均值分别为 0.0572 和 1.7236，其中总资产净利润率的最小值为负，说明样本期间有企业出现了账面亏损。从行业竞争程度两个指标的统计结果来看，HHI 指数和 PMC 指数的平均值分别为 0.1261 和 0.0772，HHI 指数取值在 0 ~ 1，最小值 0.0374 和最大值 0.8846 代表流通领域各细分行业都处于完全竞争市场和完全垄断市场之间的市场竞争环境。由于有些企业的营业收入无法覆盖其营业成本、销售费用和管理费用，导致 PMC 指数有负值的情况出现，此时存在过度竞争的情形。以上统计结果大致反映了流通企业所处市场环境的行业竞争强度相对较高。作为衡量政府规制程度的重要解释，流通企业的平均社会指数为 26.3975。

表 6.2　　　　　　　　　　变量的描述性统计

变量	观测值	平均值	标准误	最小值	最大值
ROA	1408	0.0557	0.0642	− 0.2721	0.2358
TobinQ	1408	1.6966	1.6604	0.1799	9.8504
HHI	1408	0.1287	0.1243	0.0374	0.8846
PMC	1408	0.0765	0.0980	− 1.6645	0.3581
SS	1408	26.2118	15.9273	− 11.27	89.01
Ownership	1408	0.4219	0.4940	0	1
SOEshare	1408	0.0384	0.1205	0	0.7162
lnage	1408	2.7647	0.5721	0.6931	3.3673
lnemployee	1408	7.7579	1.3736	2.5649	11.6153
lnstockholder	1408	10.2272	0.9160	1.6094	13.4011
Capitalstructure	1408	0.6172	0.4862	0	1
Debt_asset	1408	0.3859	0.3301	0	4.5883
Credit	1408	0.0901	0.1161	0	1.2764
lnRDExp	1408	6.3473	8.3187	0	22.1459
Overseas	1408	0.0520	0.1542	0	0.9991

对于作为调节变量的企业所有制类型的分布，通过统计结果可以看出，有 42.45% 的流通企业为国有企业，其余则为非国有经济成分的市场主体。

国有股占比平均为 4.14%，占比最高的企业国有股比例为 71.62%，说明国有资本在流通领域的比重很低，几乎所有的国有控股流通企业都是以混合所有制形式的国有经济成分存在。

在控制变量方面，样本企业的平均上市时长为 18.5 年，上市时间最长的企业于 1992 年上市，最年轻的企业于 2019 年才上市。样本企业的平均雇佣人数和股东人数分别为 5539 人和 39146 人。61.72% 的流通企业在会计期内发生了股本结构的变化。从企业的负债情况来看，资产负债率的平均值为 38.89%，负债最多的企业总负债对总资产的比值接近 4.6 倍，以应付账款与销售收入比值所反映企业商业信用融资能力平均在 0.0901 的水平，总体来说，这些上市流通企业的负债水平并不高。此外，样本企业在研发投入方面的支出平均为 327.27 万元，海外业务收入占其总收入的比重平均为 5.1%，可以看出，流通业整体上的国际化水平相对较低。

6.4 实证结果及分析

6.4.1 市场竞争强度的微观效应检验

表 6.3 报告了以 *ROA* 作为被解释变量的模型 1～模型 4 的基准回归结果，借助 Hausman 检验和 F 检验的统计结果判断可知，待估模型应使用固定效应（FE）模型对参数进行估计。此外，本书中所提供的标准误均为稳健标准误。

表 6.3   **市场竞争强度微观效应的估计结果**

项目	模型 1	模型 2	模型 3	模型 4
HHI	− 0.0152 * (0.0085)	− 0.0962 ** (0.0458)		
HHI_sqr		0.1066 ** (0.042)		

续表

项目	模型 1	模型 2	模型 3	模型 4
PMC			−0.0113 (0.0324)	0.1151 *** (0.0385)
PMC_sqr				0.2002 *** (0.0418)
ln*age*	−0.0144 ** (0.0063)	−0.0131 ** (0.0064)	−0.0153 ** (0.0063)	−0.011 * (0.0061)
ln*employee*	0.0026 (0.0018)	0.003 (0.0018)	0.0029 (0.0019)	0.003 (0.0019)
ln*stockholder*	−0.0051 ** (0.0021)	−0.0049 ** (0.0021)	−0.0053 ** (0.0021)	−0.0052 ** (0.0021)
Capitalstructure	0.0121 *** (0.004)	0.0194 *** (0.004)	0.0121 *** (0.004)	0.0107 *** (0.0039)
Debt_asset	−0.0354 ** (0.0148)	−0.0361 ** (0.0146)	−0.034 ** (0.0144)	−0.0308 ** (0.015)
Credit	−0.0526 *** (0.243)	−0.055 ** (0.0243)	−0.0588 ** (0.0231)	−0.0577 ** (0.0235)
ln*RDExp*	0.0003 (0.0003)	0.0003 (0.0003)	0.0003 (0.0003)	0.0003 (0.0003)
Overseas	−0.0012 (0.0121)	0.0037 (0.0115)	−0.0004 (0.0122)	0.0076 (0.0123)
常数项	0.1486 *** (0.027)	0.1349 *** (0.0265)	0.1492 *** (0.0274)	0.1246 *** (0.0281)
年份固定效应	控制	控制	控制	控制
行业固定效应	控制	控制	控制	控制
观测值	1408	1408	1408	1408
within R^2	0.1109	0.1174	0.1083	0.1386

注：*、** 和 *** 分别表示在 1%、5% 和 10% 的水平上显著。括号内报告标准误。

模型 1 和模型 3 所列的是仅考虑市场竞争程度对企业绩效线性影响的估计结果。以 *HHI* 指数作为解释变量时，估计系数为负，并在 10% 的统计水平上显著。由于 *HHI* 是负指标，这个结果意味着市场竞争强度对流通企业绩效产生了正向影响。在模型 3 中，当市场竞争程度的指标选择替换以 *PMC* 指数衡量时，结果中尽管系数仍为负但并不显著。由此，可以推断在竞争与流通企业绩效之间的关系可能存在非线性的影响效应，将继续在模型 2 与模型 4 中考虑分别引入解释变量的平方项 *HHI_sqr* 和 *PMC_sqr*。此外，由于所选用的解释变量为行业层面的相关指标，企业个体对解释变量的主观影响很低，这在很大程度上缓解了可能存在的内生性问题。

模型 2 与模型 4 的结果显示，模型中所关注解释变量的一次项与二次项均在统计上显著，由此可以认为，在行业竞争强度与企业绩效之间存在着非线性的关系。所得二次项的系数为正，说明在其他条件不变的情况下，市场竞争强度对流通企业绩效的影响呈倒 "U" 型关系。在 *HHI* 指数达到 0.554 和 *PMC* 指数达到 0.8696 之前，流通领域微观企业的市场绩效将随着市场竞争强度的增加而得到改善，但在此拐点之后行业竞争越激烈将导致企业经营业绩的下滑。此结果表明，随着行业竞争强度的增大，流通企业的微观效率呈现先增后减的变化趋势，这意味着市场竞争态势保持在一定的范围内，流通商的市场表现会随着竞争的引入而不断提升，而一旦竞争越过一个 "临界点" 转变为过度竞争的市场结构时，竞争对企业提高效率的正向激励作用将不复存在，此时行业内竞争越激烈，流通企业的效率反而越低。但需要注意的是，由于样本内 *HHI* 指数和 *PMC* 指数的最大值都未到达上述拐点，说明上市流通企业的样本范围内，目前加大行业竞争对企业效率的影响仍处于正向激励的范围内。

6.4.2　所有制类型与国有股占比的调节效应

由于参与市场竞争的是具有不同所有制形式的流通企业，我们希望继续考察企业的所有制类型和国有股占比这两个与所有制结构有关的因素是否在行业竞争强度对企业绩效的非线性影响中起到调节作用。表 6.4 和表 6.5 分别报告的是所有制类型和国有股占比的调节效应。

表 6.4 所有制类型的调节效应

项目	ROA		TobinQ	
	模型 1	模型 2	模型 3	模型 4
HHI	−0.0560 (0.0404)		−0.1809 * (0.925)	
HHI_sqr	0.0706 * (0.0383)		0.1672 * (0.0945)	
Ownership	−0.0222 * (0.0088)	−0.0007 (0.0060)	−0.0692 *** (0.017)	0.003 (0.0153)
HHI × Ownership	0.3121 *** (0.0886)		1.0454 *** (0 185)	
HHI_sqr × Ownership	−0.2803 *** (0.0828)		−0.9804 *** (0 . 1807)	
PMC		0.0183 (0.0588)		0.6098 *** (0.1143)
PMC_sqr		0.162 *** (0.0374)		0.2841 ** (0.1098)
PMC × Ownership		0.0927 * (0.0555)		0.2374 (0.1598)
PMC_sqr × Ownership		−0.1006 *** (0.0275)		0.0394 (0.1224)
控制变量	控制	控制	控制	控制
年份固定效应	控制	控制	控制	控制
行业固定效应	控制	控制	控制	控制
观测值	1408	1408	1408	1408
within R^2	0.1281	0.1431	0.1699	0.2265

注: *、** 和 *** 分别表示在 1%、5% 和 10% 的水平上显著。括号内报告标准误。

表6.5 国有股占比的调节效应

项目	ROA		TobinQ	
	模型5	模型6	模型7	模型8
HHI	−0.1169 *** (0.0383)		−0.3225 *** (0.0925)	
HHI_sqr	0.1043 ** (0.04827)		0.2962 *** (0.0956)	
SOEshare	0.0347 (0.0219)	0.2632 (0.0178)	−0.0543 (0.0425)	0.0655 (0.0592)
HHI × SOEshare	0.2528 (0.1869)		−0.0407 (0.427)	
HHI_sqr × SOEshare	−0.2032 (0.1941)		0.0325 (0.438)	
PMC		0.2045 *** (0.0426)		0.7169 *** (0.0965)
PMC_sqr		0.1184 *** (0.0386)		0.3226 *** (0.1061)
PMC × SOEshare		0.059 (0.4501)		−1.0483 (1.4787)
PMC_sqr × SOEshare		−0.6673 (2.2169)		3.1875 (5.31)
控制变量	控制	控制	控制	控制
年份固定效应	控制	控制	控制	控制
行业固定效应	控制	控制	控制	控制
观测值	1408	1408	1408	1408
within R^2	0.1205	0.1409	0.1489	0.2195

注：*、** 和 *** 分别表示在1%、5%和10%的水平上显著。括号内报告标准误。

由表6.4可以看出，以 ROA 为被解释变量的模型中，市场竞争程度的不同项次与企业所有制类型虚拟变量的交互项 HHI × Ownershi 和 HHI_sqr × Ownership、PMC × Ownership 和 PMC_sqr × Ownership 的系数都在统计上显著，由此我们判断，企业的所有制类型确实在市场竞争影响企业绩效的过程中起到了调节作用。模型5与模型6的二次交互项的系数均显著为负，意味着企业所有制类型为国有企业的因素对市场竞争的微观效应产生了一个负向调节，市场竞争程度与流通企业效率之间的曲线关系变得平缓甚至改变形状。由模型5的估计结果可知，当企业所有制类型为非国有企业时，HHI_sqr 的系数为 0.076，并在 10% 的统计水平上显著，而所有制类型为国有企业时，HHI_sqr 的系数则变为 -0.2097，符号改变说明市场竞争程度影响企业效率的非线性形式变为正"U"型，国有流通企业市场表现将随着市场竞争强度的增强先恶化、随后逐渐改善，与非国有流通企业的竞争效应正好相反。这一结果解释在以 PMC 指数为解释变量的模型6中有所不同，由于交互项 $PMC\_sqr \times Ownership$ 系数的绝对值小于 PMC_sqr，因此，在国有经济的所有制情形下，市场竞争对企业微观效益非线性影响的平方项系数依旧为正，曲线形状并未彻底改变，但是相对非国有所有制形式来说，其影响效应变得更加平缓。这意味着市场竞争强度对民营流通企业所产生的冲击作用更大，非国有企业的经济效益随竞争强度增加而提高或降低的速率相对国有企业而言更大。同时由系数值可知，国有经济成分市场主体与非国有经济成分市场主体的竞争效应的曲线关系上拐点出现的位置有所不同，两者分别在 PMC 指数达到 0.1751 和 0.4426 的时点上变动趋势由递增变为递减，可见国有流通企业拐点出现的位置早于非国有企业，对市场竞争的可"容忍"程度相对更低。模型7与模型8将被解释变量替换为 $TobinQ$ 指标，对上述结果进行在此验证，发现模型7的结果和模型5基本一致，市场竞争对国有流通企业影响的非线性关系与民营企业有很大不同。而由于模型8中的交互项系数并不显著，我们无法得出所有制类型在以 PMC 指数衡量的市场竞争强度对企业托宾 Q 值的影响中起到调节作用。

本节继续沿此思路在表 6.5 中考察了国有股占比的调节效应，结果显示，无论在解释变量与被解释变量以何种不同指标度量时，国有股比例与市场竞争指标各次项的交互项系数均不显著。与此同时，市场竞争对企业绩效的非线性关系在这一组检验中仍然稳健。由此我们认为，通过模型检验，无法得出流通企业国有股所占比重在市场竞争强度对企业市场表现的非线性效应中起到了调节作用。

6.4.3　政府规制程度的微观效应检验

在上一节中我们通过检验企业所有制类型的调节作用，发现国有流通企业与非国有流通企业在市场竞争机制作用下的微观效应有所不同。在第5章的分析中我们知道，由于不同所有制类型的企业在政府规制下的经营决策目标存在一定的异质性，非国有流通企业往往以自身经济利益最大化为主要经营目标，而国有流通企业通常还会兼顾稳定市场、平抑物价、保供应急、保障消费者利益等宏观职能目标。在多种经济成分并存的市场环境中，政府产业规制政策的设计与实施将以社会福利最优为导向，因而我们猜测由企业社会责任总指数所反映的政府规制程度将在不同所有制企业中有所差异，这一差异将进一步影响流通企业的市场绩效。因此，本节将进一步对政府规制程度的微观效应进行检验。

在国有流通企业和非国有流通企业之间，由社会责任指数所体现的政府规制程度在统计上的差异在表6.6中列示。除了社会责任总指数（SS），我们还展示了从不同层面所反映社会责任的具体构成内容，包括股东责任（SS1）、员工责任（SS2）、供应商、客户和消费者权益责任（SS3）、环境责任（SS4）和社会责任（SS5）。结果显示，国有流通企业的社会责任总指数平均比非国有企业高出4.091，并且此差距在1%的统计水平上显著。在各个分项指标中，除了股东责任的组间差异不显著外，其余各层面的社会责任指数在国有企业组的平均水平都显著高于非国有企业组。因此，从不同所有制流通企业的社会责任指数来看，国有流通企业与非国有流通企业之间存在显著差异。

表6.6　　　　不同所有制流通企业社会责任指数的统计差异

项目	社会责任总指数	股东责任	员工责任	供应商、客户和消费者权益责任	环境责任	社会责任
	SS	SS1	SS2	SS3	SS4	SS5
平均值	26.398 (0.403)	13.866 (0.147)	2.63 (0.074)	1.835 (0.129)	1.594 (0.115)	6.473 (0.106)
国有企业	28.752 (0.644)	13.964 (0.199)	3.153 (0.129)	2.377 (0.219)	2.137 (0.204)	7.121 (0.15)

项目	社会责任 总指数	股东责任	员工责任	供应商、客户和 消费者权益责任	环境责任	社会责任
	SS	$SS1$	$SS2$	$SS3$	$SS4$	$SS5$
非国有企业	24.661 (0.506)	13.793 (0.21)	2.243 (0.084)	1.436 (0.154)	1.192 (0.131)	5.995 (0.145)
Difference	4.091 *** (0.819)	0.17 (0.289)	0.91 *** (0.154)	0.941 *** (0.268)	0.944 *** (0.242)	1.126 *** (0.209)

注：*、** 和 *** 分别表示在 1%、5% 和 10% 的水平上显著。括号内报告标准误。

在考虑市场机制作用下竞争对微观主体绩效影响的基础上，我们将模型拓展至引入政府规制的情形。首先以总资产净利润率 ROA 作为衡量企业绩效的指标，以企业社会责任指数作为规制程度的代理变量对政府规制的微观效应进行相应的检验。估计结果如表 6.7 所示。

表 6.7　　　　　　　　政府规制程度微观效应的 FE 估计结果

项目	模型 1	模型 2	模型 3	模型 4
SS	0.016 *** (0.0001)	0.0588 *** (0.0026)	0.0406 *** (0.037)	0.0573 *** (0.0141)
SS_sqr		− 0.0047 * (0.0024)		− 0.0036 (0.024)
HHI	0.044 (0.0288)	0.0662 (0.0445)		
HHI_sqr	− 0.0498 (0.0381)	− 0.076 * (0.0406)		
PMC			0.0337 (0.0286)	0.0336 (0.0311)
PMC_sqr			0.0230 (0.0384)	0.0231 (0.0351)
控制变量	控制	控制	控制	控制
年份固定效应	控制	控制	控制	控制
行业固定效应	控制	控制	控制	控制
观测值	1355	1355	1355	1355
within R^2	0.3520	0.3610	0.3479	0.3588

注：*、** 和 *** 分别表示在 1%、5% 和 10% 的水平上显著。括号内报告标准误。

表6.7中，模型1和模型3考虑的是企业社会责任指数对绩效的线性影响，可以发现，两个模型所估计出的系数都显著为正，意味着其他条件相同时，企业承担的社会责任水平越高，其微观效益表现越好。在此基础上，通过第5章的数理模型推演，可以认为政府规制程度的微观效应可能存在非线性关系，因而继续在模型2和模型4中对引入平方项 SS_sqr 的模型进行估计，结果表明，SS_sqr 的系数仅在模型2中在10%的统计水平上显著，在模型4中并未通过显著性检验。与此同时，保留的市场竞争变量系数与之前所得到的结果并不一致，仅有 HHI_sqr 的系数在模型2中显著为负，其余结果均不显著，使得市场竞争的微观效应在加入政府规制变量后无法得以验证。此外，由于企业的市场绩效与社会责任之间可能存在反向因果关系，市场微观表现越好的企业在一定程度上越有精力顾及自身在社会责任方面的表现，政府实施政府规制时也有可能更倾向于选择微观绩效更为优异的国有流通企业作为政策着力点。由此我们怀疑，加入以企业社会责任指数作为规制程度的代理变量后的非线性模型存在一定的内生性。

6.4.4　内生性处理

对于可能存在的内生性问题，我们将通过选取合适的工具变量（IV）进行两阶段最小二乘估计（2SLS）。此外，多重工具变量相较于单一维度的工具变量选取，在一定程度上能够更好地解决由遗漏变量导致的内生性问题。综合考虑工具变量的合理性和可得性，借鉴冯锋和张燕南（2020）的思路，本书认为，可以通过对流通企业所在的地区和所处行业的社会责任指数取平均值的方式获得可行的工具变量。这是因为地区社会责任平均指数（iv_SSprov）和行业平均社会责任指数（iv_SSind）与企业个体的社会责任水平之间有联系，一个地区或一个行业的整体宏观环境和规制政策大体一致，那么各个流通企业的社会责任指数就与其所处的地区和行业的整体水平相关，同时，地区和行业平均值与企业个体绩效之间又不存在显著关联，符合选取工具变量的思路。

首先，我们对上述模型中解释变量 SS 的内生性进行了检验，Durbin-

Wu-Hausman 的检验结果表明，社会责任指数作为解释变量确实存在内生性问题。其次，在此基础上，本节进一步借助工具变量的估计方法对模型进行估计。在对模型进行工具变量的 2SLS 估计时发现，尽管在对工具变量的不可识别检验与过度识别检验基本上都通过了推断检验，但仍存在一些模型用于工具变量弱识别检验的 CD Wald F 统计量在统计上不显著。最后，在系数可识别的基础之上，考虑到获取其他更强的工具变量的难度较大，我们认为，可以将估计方法由 2SLS 替换为有限信息极大似然估计（LIML）的方法来缓解弱工具变量可能带来的影响。这是由于 LIML 估计方法对弱工具变量不太敏感，同时其小样本性质明显优于 2SLS 估计方法。结果如表 6.8 所示。

表 6.8   **政府规制程度微观效应的 IV 估计结果**

项目	模型 5	模型 6	模型 7	模型 8
SS	0.0014 *** (0.0059)	0.1638 *** (0.0409)	0.0264 *** (0.006)	0.1584 *** (0.0408)
SS_sqr		−0.224 *** (0.0066)		−0.0216 *** (0.0066)
HHI	0.0493 (0.0432)	−0.1205 *** (0.0318)		
HHI_sqr	−0.0556 (0.0405)	0.1065 *** (0.0306)		
PMC			0.0627 * (0.0326)	0.0637 ** (0.0272)
PMC_sqr			0.039 (0.0356)	0.0422 * (0.0248)
外生工具变量	iv_SSprov iv_SSind	iv_SSprov iv_SSind iv_SSprov² iv_SSind²	iv_SSprov iv_SSind	iv_SSprov iv_SSind iv_SSprov² iv_SSind²
控制变量	控制	控制	控制	控制
年份固定效应	控制	控制	控制	控制

项目	模型 5	模型 6	模型 7	模型 8
行业固定效应	控制	控制	控制	控制
第一阶段 F 值	73.98	39.2	71.92	38.23
不可识别检验 KP rk LM 统计量	95.34	15.36	95.12	15.52
弱识别检验 CD Wald F 统计量	85.06	7.82	81.99	7.45
过度识别检验 Hansen's J 统计量	5.536	0.606	5.176	0.871
观测值	1353	1353	1353	1353
R^2	0.254	0.1401	0.3198	0.1418

注：*、** 和 *** 分别表示在 1%、5% 和 10% 的水平上显著。括号内报告标准误。

由表 6.8 可知，首先，与所预想的一致，加入社会责任指数平方项的模型估计结果更为合理。仅考虑政府规制程度对企业绩效的线性影响时，尽管 SS 的系数都显著为正，但市场竞争变量的微观效应变得不再显著。结合前面的理论假设和引入平方项后的估计结果，基本可以判断流通企业的社会责任指数与其微观绩效之间存在非线性关系，后面的相关检验都将采用此模型设定。同时模型加入社会责任指数的解释变量后，与仅考虑市场竞争强度的模型相比，R^2 有较为明显的提升，说明加入此解释变量的模型设定更为合理和稳定。

其次，重点关注模型 6 与模型 8 的估计结果。在这两个模型中，以总资产净利润率为被解释变量，企业社会责任的解释变量一次项 SS 的系数都显著为正，二次项 SS_sqr 显著为负，相较于固定效应模型估计结果而言，解释变量系数的绝对值大小明显提高，说明此前的内生性问题导致了模型存在被低估的可能性。根据结果显示，在流通上市企业的样本中，商业主体的社会责任指数与市场绩效之间的关系呈倒 "U" 型变动。在加入对政府规制机制的考察后，以企业社会责任指数衡量的政府规制程度对流通企业微观效率产生了一定的影响。非线性的倒 "U" 型关系说明在市场竞争机制中引入政府规制的最初阶段，随着企业所承担社会责任的提高，流通领域各市场主体的经济效益会有所提升，这表现在流通产业作为具有一定的公益性质的产业，在政府规制下引入对社会责任的考量不仅有利于流通企业自身销售利益的拓展，也有利于形成良性的市场氛围与产业链协同发展的健康环境，从而在达到规制目的的同时也不损害企业的微观效益。但如果产业规制力度进一步加深，流通企业将不得不承担更多的社会责任，随后为履行社会责任而增加的成本负担将降低企业的实际市场收益甚至使其出现亏损。表现出的曲线关系为：企业 ROA 随着 SS 指数的增加而增加，超过某一节点后，ROA 将随着 SS 指数的进一步增加而进入下降阶段。

对于模型中工具变量的有效性检验，可以看出，各模型第一阶段回归的 F 值大于 10，同时用于不可识别检验的 Kleibergen-Paap rk LM statistic 统计量均通过了 1% 的显著性检验，由此可以认为，iv_SSprov 和 iv_SSind 作为工具变量对企业社会责任变量具有较强的解释作用。另外，在将估计方法设定为 LIML 估计后所得到的 Cragg-Donald Wald F statistic 统计量也基本都在 20% 的水平上拒绝了模型弱识别的原假设，Hansen's J 统计量及其 p 值结果显示所选取的工具变量通过了过度识别检验。上述检验结果佐证了工具变量的有效性和合理性，使得检验结果具备可靠性。

6.5　稳健性检验

由于考虑到流通企业作为衔接生产与消费的媒介环节，其在产业规制环境下所承担的社会责任更多的与社会责任总指数分项中的供应商、客户和消费者权益责任（SS3）相关，这一指标是根据对企业质量管理、售后服务、诚信互惠、供应商公平竞争、反商业贿赂等方面作出的总体评价，政府对流通产业的规制也更多地聚焦于这一方面的社会责任承担。因此，在模型 6 与模型 8 的基础上将解释变量替换为 SS3 对估计结果进行稳健性检验，结果如表 6.9 中的模型 9 和模型 10 所示。此外，通过改变流通企业市场绩效的衡量指标，以企业的 TobinQ 值作为被解释变量对上述相应模型进行再次检验，得到的结果如表 6.9 中的模型 11 ~ 模型 14 所示。

表 6.9　　　　　　　　　　　　稳健性检验结果

项目	ROA		TobinQ			
	模型 9	模型 10	模型 11	模型 12	模型 13	模型 14
SS			0.292 *** (0.0792)	0.253 *** (0.0711)		
SS_sqr			− 0.0413 *** (0.0125)	− 0.0363 *** (0.0112)		
SS3	0.019 *** (0.0049)	0.0214 *** (0.0052)			0.0341 *** (0.0114)	0.0318 *** (0.011)
SS3_sqr	− 0.0005 ** (0.0002)	− 0.0005 *** (0.0002)			− 0.0008 * (0.0004)	− 0.0007 * (0.0004)
HHI	− 0.089 *** (0.0339)		− 0.298 *** (0.066)		− 0.2754 *** (0.0697)	
HHI_sqr	0.0964 *** (0.0309)		0.336 *** (0.0702)		0.2927 *** (0.0757)	
PMC		0.011 (0.0345)		0.3182 *** (0.0971)		0.4009 *** (0.0832)
PMC_sqr		0.0469 ** (0.0203)		0.1125 (0.1069)		0.2022 *** (0.0676)
外生工具变量	iv_SS3prov iv_SS3ind iv_SS3prov² iv_SS3ind²	iv_SS3prov iv_SS3ind iv_SS3prov² iv_SS3ind²	iv_SSprov iv_SSind iv_SSprov² iv_SSind²	iv_SSprov iv_SSind iv_SSprov² iv_SSind²	iv_SS3prov iv_S3ind iv_SS3prov² iv_S3ind²	iv_SS3prov iv_SS3ind iv_SS3prov² iv_SS3ind²
控制变量	控制	控制	控制	控制	控制	控制
年份固定效应	控制	控制	控制	控制	控制	控制
行业固定效应	控制	控制	控制	控制	控制	控制
第一阶段 F 值	19.12	18.79	39.2	38.23	19.12	18.79
不可识别检验 KP rk LM 统计量	8.75	7.77	15.36	15.52	8.75	7.77
弱识别检验 CD Wald F 统计量	3.26	2.89	7.82	7.45	3.26	2.89
过度识别检验 Hansen's J 统计量	2.547	1.977	1.363	1.1816	4.053	6.45
观测值	1350	1350	1353	1353	1350	1350
R^2	0.3550	0.3176	0.2079	0.2619	0.4924	0.5159

注：* 、** 和 *** 分别表示在 1% 、5% 和 10% 的水平上显著。括号内报告标准误。

从各个模型的估计结果来看，原回归结果基本稳健。尤其是企业社会责任变量对企业销售收益回归的一次项和二次项系数始终显著，SS_sqr 和 $SS3\_sqr$ 的系数均显著为负，说明此前得到的两者之间的曲线关系依旧成立。与此同时，$SS3\_sqr$ 系数的绝对值远小于 SS_sqr 系数的绝对值，这意味着以企业社会总指数作为解释变量的模型在经济上的显著性更高，综合考虑各层面社会责任的总体变量对被解释变量的影响要大于其中的某一分项指标。除此之外，我们在前面分析的关于市场竞争程度与流通企业效率的关系在这些模型中基本稳健，除模型 10 中的 PMC 和模型 12 中的 PMC_sqr 的系数未通过显著性检验外，其余待估参数值都在 1% 的水平上拒绝了不存在统计性影响的原假设。由此可见，基于计量模型所估计出的竞争和规制的微观效应基本上是稳健的。在以市场竞争强度和政府规制程度作为解释变量的两个维度上，我们分别以不同的衡量指标对模型进行了稳健性检验，研究发现，流通企业的微观绩效均将受到来自市场竞争机制和政府规制机制的双重影响。

6.6　异质性检验

6.6.1　所有制异质性检验

考虑到前面所检验的各种影响效应可能在不同样本内存在异质性，将进一步按照企业的所有制类型和所属行业划分样本，分别考察竞争与规制效应在不同样本中的异质表现。

表 6.10 报告了划分所有制类型的异质性检验结果，被解释变量均以 ROA 指标衡量。可以看出，对国有流通企业来说，其社会责任指数对企业绩效的影响与全样本回归的结果基本一致，对国有经济成分的规制程度与其市场销售收益之间的关系同样表现为倒"U"型的非线性关系。实际上，这一作用机理在第 5 章的理论模型中已重点对国有企业决策函数内嵌有政府规制参数的均衡情况作出过详尽讨论，实证检验结果与理论模型的数值模拟结果具有一致性。国有流通企业的微观效率并不会因为政府规制的作用而呈现单

调递减，而会在起始的一定阶段内随着承担社会责任程度的加强而呈现效益提高的情形。这一检验结果也在一定程度上佐证了前述在混合寡占模型中所得出的结论，即国有企业可以作为政府对流通产业实施规制的一种政策工具，其在承担宏观社会职能的同时并不一定需要牺牲微观主体的市场绩效。按所有制类型的分样本估计结果也表明，在非国有流通企业的样本范围内，SS 及其平方项 SS_sqr 均未通过显著性检验。由此可以认为，通过本书所选取的样本在上述设定模型中的检验，无法得到政府规制程度对流通领域非国有经济成分的微观效应。这从侧面反映出，公益性社会责任在流通企业价值导向上的主体地位在一定程度上由其所有制类型所决定。与此同时，从结果可以看出，除了以 PMC 指数衡量的市场竞争变量在国有与非国有的分样本估计结果中均不显著外，市场 HHI 指数在不同所有制流通企业中的微观效应与全样本中的结论并无二致，说明流通市场中国有企业和民营企业的经营效益均会受到市场竞争强度的影响。

表 6.10　　　　　　　　划分所有制类型异质性的 LIML 检验结果

项目	国有流通企业		非国有流通企业	
	模型 1	模型 2	模型 3	模型 4
SS	0.2187 *** (0.0532)	0.2168 *** (0.054)	0.0371 (0.0539)	−0.0189 (0.1294)
SS_sqr	−0.0309 *** (0.0092)	−0.031 *** (0.0093)	−0.002 (0.0082)	0.0059 (0.0182)
HHI	0.1107 *** (0.0411)		0.2076 *** (0.0733)	
HHI_sqr	0.0107 *** (0.0386)		0.1832 *** (0.0691)	
PMC		0.0116 (0.0493)		0.1137 (0.2184)
PMC_sqr		−0.018 (0.0412)		0.2804 (0.4153)
控制变量	控制	控制	控制	控制
年份固定效应	控制	控制	控制	控制

项目	国有流通企业		非国有流通企业	
	模型 1	模型 2	模型 3	模型 4
行业固定效应	控制	控制	控制	控制
第一阶段 F 值	6.95	6.83	13.36	16.6
不可识别检验 KP rk LM 统计量	11.85	11.76	3.47	3.28
弱识别检验 CD Wald F 统计量	4.83	4.87	1.12	1.83
过度识别检验 Hansen's J 统计量	4.544	4.275	0.531	3.047
观测值	541	541	752	752
R^2	0.0065	0.0083	0.4410	0.2612

注：*、** 和 *** 分别表示在 1%、5% 和 10% 的水平上显著。括号内报告标准误。

6.6.2 行业异质性检验

按照企业所在的行业为零售业还是非零售业的方式划分样本，得到的行业异质性检验结果如表 6.11 所示。结果表明，从政府规制的维度上来看，流通企业的社会责任指数与其市场绩效的关系并没有明显差异，作用方向基本与全样本估计结果一致，两者的曲线关系上出现拐点的位置在零售业和非零售业中也十分接近。因此，政府规制的微观效应在区分流通企业所处行业样本的检验中无法得出存在行业间异质性的相关结论。在市场竞争的维度上，*HHI* 指数和 *PMC* 指数对两个字样本的影响有所不同，以 *HHI* 指数作为竞争强度的代理变量得到的回归结果在零售业中通过了 10% 的统计性检验，在非零售业中的系数并不显著；而利用 *PMC* 指数对分行业样本的竞争效应进行检验时，发现估计结果仅在非零售业中显著。由此可以认为，以不同指标衡量的行业竞争程度对流通企业效率的影响在不同行业中表现出一定的差异。检验结果表明，市场竞争与政府规制两个层面的因素对零售企业与非零售企业而言都存在不同程度的影响，总体来看，基于本书的检验暂时还无法验证这两种效应的行业异质性。

表 6.11　　　　　　　　划分所属行业异质性的 LIML 检验结果

项目	零售业		非零售业	
	模型 1	模型 2	模型 3	模型 4
SS	0.1189 *** （0.043）	0.1214 *** （0.0466）	0.1953 *** （0.05942）	0.1623 *** （0.054）
SS_sqr	− 0.0147 ** （0.0071）	− 0.0148 ** （0.0072）	− 0.0283 *** （0.0099）	− 0.0236 *** （0.0083）
HHI	0.1084 * （0.0584）		0.0644 （0.0464）	
HHI_sqr	0.0985 * （0.0557）		− 0.0491 （0.0424）	
PMC		− 0.0296 （0.0961）		− 0.3258 ** （0.1555）
PMC_sqr		− 0.0095 （0.0632）		1.6902 *** （0.6017）
控制变量	控制	控制	控制	控制
年份固定效应	控制	控制	控制	控制
行业固定效应	控制	控制	控制	控制
第一阶段 F 值	19.88	7.48	11.06	11.46
不可识别检验 KP rk LM 统计量	12.81	10.97	5.69	4.96
弱识别检验 CD Wald F 统计量	7.44	5.83	1.98	1.16
过度识别检验 Hansen's J 统计量	0.53	0.232	0.214	0.081
观测值	821	821	476	476
R^2	0.2297	0.1809	0.1098	0.2921

注：*、** 和 *** 分别表示在 1%、5% 和 10% 的水平上显著。括号内报告标准误。

6.7 本章小结

本章在"企业—市场—政府"的框架中，对流通领域内竞争和规制对企业主体所产生的微观经济效应进行了一系列检验。具体来说，本章是在不同所有制共同参与竞争和政府实施以社会福利最大化为目标的产业规制的双重背景下，对流通企业微观绩效的影响因素进行实证检验。通过收集 188 家流通上市企业的数据，在合理构建模型和选取指标的基础上，依次对市场竞争强度的微观效应、所有制类型和国有股占比的调节效应、政府规制程度的微观效应进行的模型估计、内生性处理、稳健性检验和异质性检验做了相应的实证分析。

实证结果表明，市场竞争强度与政府规制程度对流通企业绩效的影响在各自的维度上都呈现出一定的倒"U"型关系，当竞争强度与规制程度在一定的范围以内时，流通企业的市场销售状况会随之正向变动，当超过某一临界值后，过度竞争或要求承担的社会责任水平过高时，则会对企业效率产生负面作用。此外，流通企业的所有制类型对市场竞争的微观效应起到了负向调节作用，划分所有制类型的分样本回归展现了政府规制程度微观效应在国有流通企业与非国有流通企业中的异质性。在检验过程中所得到的一些重要结论能够佐证前述理论模型的部分结果，与此同时，本章还验证了流通领域的企业微观效率与市场均衡结果将受到市场竞争机制和政府规制机制的共同影响。

第7章

结论与政策建议

7.1 研究结论

一直以来，放松市场准入、价格、投资等方面的限制，鼓励多种所有制经济共同发展是我国市场体系建设的重要内容。相应地，在流通产业方面，多种经济成分是流通体制改革的重点方向，经过多年的流通体制改革，我国流通领域基本已形成多种经济成分的多元化所有制格局。在这种开放、竞争、多元的市场背景下，本书在"企业—市场—政府"的框架中将流通所有制作为研究对象，对不同所有制流通企业的效率、竞争和政府规制等相关问题进行了深入研究，主要结论包括以下几个方面。

（1）流通所有制形式和所有制结构问题的理论根基在于马克思主义政治经济学，并且流通作为连接生产与消费的媒介环节，其所有制形式将同时受到生产力与消费力的影响。通过对流通所有制进行理论分析可知，与生产资料的物质内容相比，商品流通领域的物质资料存在特殊规定性，主要包括作为劳动对象的商品和作为劳动资料的物质技术装备。尽管"流通当事人"不直接参与生产物质产品，但也同样经历将商业劳动付诸劳动资料和劳动对象的过程，因而专门从事组织商品流通的这些"流通当事人"也要面对流通过程中物质资料的归属问题。因此，流通所有制是流通领域人们对劳动中的物质资料占有的一定形式，是在不同商品各自售卖和产销形式的基础上，劳动者结合生产条件依以实行的特殊方式和方法。产业实践与应用研究所关注的流通产业所有制结构问题与一定经济社会形态相适应、与流通体制改革密切相关。此外，商品在流通领域依次经历不同层级的批发商业和零售商业，从生产领域到达消费领域，生产力水平对流通所有制的决定作用顺着产业链条逐渐衰减，消费力状况对其的影响作用则逆向逐级弱化，这意味着流通产业所有制结构的演进和调整方向都是适应生产力和消费力的发展。

（2）从历史演进和分布现状来看，我国流通产业的所有制结构随着市场经济体系的完善和流通体制改革经历了分阶段、渐进式、不断发展和逐步修正的曲折发展历程，目前已形成国有、民营和外资等多种经济成分并存的所有制分布。在高度集中的计划经济体制和物资长期短缺的时代背景下，我国的商业系统在过去很长时间内都表现为国有商业独家经营、统购统销的流通体制。在这种体制下，国内的商品贸易通常需要严格经过"一二三零"的"四级"大流转才能进入最终的消费市场。在所有制结构演进期间，两次走上过由多种所有制形式的商业退回单一所有制流通结构的错误道路。随着改革开放的深入以及社会主义市场经济体系的逐步完善，通过总结过去商业改革的经验，多种经济形式、多种经营方式、多条流通渠道、减少流通环节的"三多一少"商业格局和流通体制改革方向的构想逐渐形成。我国流通产业作为最早对外资全面开放的经济领域，流通企业的产权制度和所有制形式随之发生剧烈变革，流通领域经济成分的复杂性也进一步增强。由当前流通产业内各种所有制类型的企业数量与规模分布、市场份额分布、资本构成分布、上市流通企业所有制分布等经济成分的分布现状可以看出，我国流通所有制结构在经历不断发展与修正后，如今的确存在多元化所有制共存并共同参与市场竞争的情形。与此同时，需留意本土流通领域仍存在公有制商业中国有经济定位模糊、集体经济市场份额越来越低，非公有制经济规模不足、组织化程度不高等诸多问题。

（3）流通领域国有经济的市场绩效总体表现较好或与民营经济的微观效率有趋同倾向，不应该盲目作出国有流通企业低效率或无效率的论断。本书首先由过去学者得出的"工业领域国有企业微观效率不如私营企业"的结论着手，从净资产收益率、总资产贡献率和成本费用利润率等相同指标横向对比了流通产业中国有企业与非国有企业的效率差异，发现国有流通企业的经济效益略胜过私营企业。在此基础上，又分别考察了批发业和零售业中不同所有制控股企业的主营业务毛利率、人均主营业务收入、费用率和负债率四项财务指标，我们认为，无论在批发业还是零售业中，尽管国有流通企业在主营业务毛利率方面未能超过外资商业，但并不输于其他类型的内资企业，并且总体而言国有企业在人均主营业务收入方面的表现总体上胜过其他所有制企业，费用率和负债率等成本、风险控制方面的财务表现也相对更好。进一步地，基于三阶段 DEA-Malmquist 模型对流通领域内不同所有制类型的企业进行了超效率评价。由最终估计结果可以看出，批发业各个所有制类型之间的效率差距较小，国有批发企业大体上保持较高效率经营；尽管国有零售企业并未表现出效率优势，但近 10 年来逐渐表现出与私有制企业效率趋同的发展态势。从动态效率指数来看，由多种所有制主体所构成的流通产业在整体上都实现了跨期技术进步，流通领域中的国有经济也基本呈现出效率上升的趋势。

（4）企业经营目标和流通管理效率的异质性是流通市场上不同所有制多元化并存、竞争和发展的前提。通过构建多元主体参与的混合寡占竞争模型，我们发现，在政府对流通产业的规制机制既定的情形下，多种流通所有制竞争均衡的结果显示无论本土民营企业效率如何，只要外资流通企业的流通管理效率不高于完全承担社会责任的国有流通企业，其最优策略就是退出市场；而当不同所有制流通企业的效率无差异时，作为私有制经济成分的民营企业和外资企业，其均衡策略是退出市场，此时以社会福利最大化为目标的国有企业将在流通市场上形成卖方垄断的市场结构。这意味着政府在流通产业"引进来"和鼓励民营经济政策上，要充分考虑各所有制企业的成本和效率问题，而非无差别地"招商引资"，只有考察和比较不同所有制流通企业之间的效率差异，才能引导市场达到"多种所有制经济共同发展"的稳态均衡并实现社会福利的帕累托最优。

（5）国有流通企业作为不完全以自身经济利益为目标的异质性竞争者，一定程度上可以发挥稳定市场供给、平抑物价水平、保障消费者福利、促进流通主体竞争效率等宏观职能。在封闭经济的混合寡占竞争模型中，分别讨论了不同所有制流通企业与生产企业之间的纵向竞争以及不同所有制流通企业之间的横向竞争。纵向竞争均衡结果显示，在民营流通企业与生产企业的纵向产业链表现出双重加价特征，而在流通领域引入考虑社会整体福利目标的公有制安排后，国有流通企业在一定程度上发挥着稳定供给、平抑价格和增加消费者剩余的宏观职能，与此同时，供给侧福利分配更多地向生产领域倾斜。横向竞争均衡结果表明，当国有经济完全以社会福利最大化为目标参与竞争时，国有流通企业在一定程度上起到了维持市场流通规模和促进市场微观主体提高经营效率的作用。

（6）在市场机制充分发挥作用的前提下，关于应对流通产业过度市场化引致的市场失灵及政府在流通领域的职能缺失问题，有研究表明，在多种所有制共同竞争的市场环境中，可以考虑国有流通企业作为一种政府规制工具在流通领域发挥市场治理功能的可能性。在开放经济条件下，我们构建了国有流通企业、民营流通企业和外资流通企业共同参与市场竞争的混合寡占博弈模型，并引入政府作为一个新的行为主体对多种所有制竞争主体进行规制机制设计以及实施规制，并通过在国有流通企业中嵌入规制参数来实现。基于模型设定和对均衡结果的讨论，我们得到一系列有意义的命题，这为我国流通产业多种所有制竞争及相关政府规制设计、产业政策制定，乃至流通体制改革等提供了一定的理论依据。从流通产业"市场竞争中的局部垄断"、外资流通企业的大规模进入和产业安全等角度出发，首先回顾了流通领域的竞争与垄断问题，结合产业集中现状，指出我国流通产业不再处于完全竞争的市场结构之中，而是在一定程度上表现出垄断的倾向，为构建混合寡占模型以不同所有制作为竞争单元提供流通市场结构层面的证据。放松均衡分析的假设并考虑对多种所有制流通规制机制的动态调整后，我们可以得到以下两个方面的政策启示。一方面是由于国有流通企业在政府规制下的混合目标能够部分地弥补纯私有制企业市场竞争中的固有不足，我们证明其作为规制工具承担社会责任的同时并不一定需要牺牲自身的市场销售利益。另一方面是产业规制的政策目标及其相应规制机制的调整会对其他流通主体的最优决策产生影响，即政府规制机制与不同市场参与主体的剩余之间存在非线性关系，这意味着社会规制者在流通市场上具有显著的利益分配效应，从另一个角度来说，流通产业规制在多种所有制竞争条件下的一项重要内容是：在既定的产业政策下，政府的规制机制必须明确、透明、稳定且可预期。

（7）市场竞争和政府规制均会对流通企业经营产生非线性的微观效应，并且企业的所有制类型在其中扮演着极其重要的角色。本书在不同所有制共同参与竞争和政府实施以社会福利最大化为目标的产业规制的双重背景下，对流通领域市场竞争强度与政府规制程度所产生的经济效应进行了一系列实证检验，结果显示，两者对流通企业绩效的影响在各自的维度上都呈倒"U"型关系——在竞争强度与规制程度在一定范围内时，竞争和规制均会对流通企业的市场销售状况产生正向激励，而过度竞争或要求承担的社会责任水平过高时，则会对企业效率产生负面作用。进一步地，流通企业的所有制类型负向调节了市场竞争的微观效应，划分所有制类型的分样本回归同样展现了政府规制程度的微观效应在国有流通企业与非国有流通企业中具有异质性。

总体来说，多种所有制流通企业平等竞争、互为补充、相互促进、共同发展有利于推动流通产业的健康发展和整个流通体系的包容性格局，这也是中国特色社会主义流通政策的一个重要目标。在这种市场环境中，国有流通企业不仅未表现出微观"低效率"或"无效率"，还由于经营目标的异质性承担一定的宏观职能，可以作为一种政府规制工具在流通领域发挥良好的市场治理作用。合理化地认识和利用这一规制工具是充分发挥流通市场秩序塑造功能的关键，这对于整个产业链条的价值实现和国民经济高质量发展具有基础性、先导性的支撑作用。

7.2　政策建议

7.2.1　从市场层面把握开放与可控并重

在不断推进市场化改革的进程中，"搞活"流通是建设现代流通体系、畅通国民经济循环和扩大内需的重要发力点。商品经济条件下，商品自由流通和自由竞争是推动社会生产发展和促进商品价值形成与实现的"一种激动人心的社会经济力量"（纪宝成，2016）。根据流通经济理论，作为流通运行的基础，价值规律衍生出商品等价交换、商品自愿让渡、商品自由竞争、商品供求自动趋于平衡等一系列市场规律，围绕这些规律所形成的以微观经济利益为基础的、开放的流通体制是构建社会主义市场经济体系的重要内容。改革开放以来多种经济成分并存的流通主体多元化格局有利于商品经济所固有的市场机制和竞争环境的形成，在此基础上助推流通经营主体的有效经营，进而促进社会生产力的发展以及不断满足人民多层级升级的消费需求。在以国有和集体为主的公有制商业主体之外，应继续优化正当竞争、公平竞争的市场环境，鼓励民营、港澳台与外商投资企业等非公有制经济的进一步发展，作为我国社会主义市场经济和现代流通体系的重要组成部分，充分发挥其体制新、机制活等优势为流通产业和国民经济不断注入活力。

与此同时，不能将自由竞争、自由流通绝对化与理想化，在开放的市场体系中把握规范流通秩序的可控性同样显得尤为重要。原因在于微观经济利益既有同社会整体长远利益相一致的一面，也存在相悖的情形。商品自由流通体制绝不是某一市场参与主体随意侵占其他主体利益或消费者剩余的流通体制。规范的市场秩序可以最大限度上保证企业在公平竞争的市场环境中实现资源的优化配置。由此，谢莉娟和王晓东（2020）指出，市场流通体系应兼具"开放"和"可控"的双重特性，应正确处理好两者的关系，并提到强化国有流通企业、供销合作社等公有制商业的主体作用是实现"可控"的重要途径。在充分发挥市场机制促使国内"大市场、大流通"形成的同时，也要重视和正确发挥政府在流通领域的宏观管理作用，这是商品流通"活而有序"运行的内在要求。针对流通产业管理体系中地区分割、部门分割、生产与流通分割、所有制分割、国内国际市场分割等体制不健全因素和不正当竞争、限制竞争、过度竞争等流通秩序混乱现象，应建立规范市场秩序等长效机制并完善相应的各项制度及法律法规，创造有利于流通主体正当竞争、公平竞争和有效竞争的外部市场环境，从反垄断政策与抑制过度竞争政策两大方向着手制定和优化流通竞争政策。对于流通领域多元化的所有制结构，同样应该着眼于规范竞争行为和公平竞争营商环境的塑造两方面，杜绝不同经济成分流通主体之间存在行政保护、局部垄断和"超国民待遇"的可能性，通过发挥市场机制作用与规范市场秩序相结合来把握流通领域的"开放"和"可控"并重。

7.2.2　从企业层面关注产权与经营结合

我国流通企业围绕产权展开的社会主义市场化改革使得各类经营主体形成了多元化的产权结构，尤其对于国有流通企业来说，以产权为基础、以资本为纽带的国有经济布局的战略性调整是深化流通领域国有企业改革的重要方向。对于流通领域国有资产的战略调整，其目的不仅是为了厘清公有制流通经济在市场竞争中应发挥的职能作用，还应考虑改革国有流通企业经营方式的相关变革，坚持产权改革和经营体制改革"两条腿走路"是未来国有流通企业明晰市场定位及提高市场竞争力的必要途径。

一方面，流通领域的国有资本应继续在关系国计民生的重要领域和重要商品经营方面发挥主导性作用，与此同时，国有流通主体应作为国家实施调节市场的组织力量发挥其应有的宏观职能。第一，在流通领域国有独资企业大幅缩减的同时，国有流通企业的经营活动应从"一般的多数"中分离出"重要的少数"，在少数牵动市场全局的重要商品购销活动中继续维持较大的经营比重，通过全资、控股或参股等方式对市场中极易出现供求失衡而又关系到国计民生的重要行业或重要商品保持国有商业的主导地位，这些商品主要集中在粮食、猪肉、食糖等基本消费资料以及棉花、煤炭、钢材等基本生产资料等相关领域，这一经济主导性在商品短缺、物价出现较大波动等短期经济冲击或市场突发状况时尤其可以体现出国有经济成分在稳定市场方面的重要作用。第二，国有产权在发挥稳定市场等宏观职能时应该与政企分开、企业作为相对独立的商品经营者等改革要求相吻合。这意味着国有流通企业作为政府调节流通运行的可行力量之一，在国家运用法律、经济、行政等手段创造出某种特殊的市场运行条件下，其市场参与应通过改变市场机制的作用方向来引导流通运行符合和实现特定的宏观管理目标，同时也应保证此时国有流通企业的运行能够获得其相应合理的经济利益。以上两点要求国有流通企业继续基于产权制度战略性调整流通领域内的国有经济布局，择优扶强，有进有退，有所为有所不为，按照"产权清晰、权责明确、政企分开、管理科学"规范的现代企业制度进一步深化国有流通企业改革。以理顺产权关系和投资主体的多元化为切入点，鼓励国有经济和集体经济等公有制流通主体的产权结构创新，通过兼并收购、相互参股、合资控股、公开上市等方式继续推进大中型流通企业的股份制改革，坚定不移地在商业部门发展国有资本、集体资本、非公有制资本等多种经济成分参股的混合所有制经济，同时应制定强有力的政策措施防范国有资产的流失以及集体资产被少数人无偿占有等有悖国家利益和集体利益情况的出现。

另一方面，流通企业作为商品经济条件下的主要利益主体，应该自负盈亏地独立进行商品经营，这就要求从经营层面关注各种所有制类型企业的微观经济利益。本书的重要结论之一是效率差异是形成不同市场均衡结果的基础，通过考察一个在政府规制下的国有、民营与外资所有制流通企业相互竞争的开放市场环境，本书论证了只有考察和比较不同所有制流通主体之间的效率差异，才可能实现"多种所有制经济共同发展"的市场均衡，因此，政府在流通产业运用国有资本政策工具、鼓励外来资本和民营资本方面，要充分考虑各所有制企业的成本效率问题。从这一层面来讲，在实现社会流通所有制多元化与企业股权结构多元化的同时，应鼓励流通企业进一步通过改组改造、管理创新、功能重组、经营设施改善、经营模式创新、商业人才队伍建设、提升企业内部治理等相关举措改进经营方式，切实完善现代企业制度和企业运作机制，在不同所有制流通企业的经营环节开展公平竞争，通过微观搞活提高企业经济效益和市场竞争力。具体来说包括以下两个方面。

（1）从提高规模效率的角度制定和实施流通组织化政策。立足于我国流通产业以中小企业为主的现实，不仅应通过连锁化、网络化、经营空间拓展、垂直一体化整合、培养行业"龙头"企业、鼓励流通企业"走出去"开展跨国经营等一系列措施发展一批适应社会化大生产的大型流通企业集团，以不断提高流通产业的组织化程度和实现流通主体的规模经济性，还应依靠资金扶持、技术援助和健全公共服务体系等政策支撑来促进中小流通企业活力与竞争力的提升。

（2）从提高技术效率的角度制定和实施流通现代化政策。随着流通产业技术装备化程度的日益加深，商品流通经营技术创新已成为实现流通现代化和流通增长的重要动力源泉，但其研发、投入与应用也往往对应着较大的技术、资金和人才需求以及充足的风险承担能力，为此，政府相关部门应制定和实施相应的流通现代化政策，以支持和鼓励流通技术创新与运用。在编制流通现代化发展规划的基础上，应积极鼓励引进代表国际先进水平的商业物质技术和经营管理技术并引导其有效地成果转化、消化吸收为流通生产力，注重流通领域的人才培养以提高商业人员和管理人员队伍的综合素质，从各个层面创造提升流通主体经营水平以及促进流通现代化的良好环境。

7.2.3　从政府层面强调传统规制与规制改革统筹

市场秩序和现代流通体系的建立和健全不能仅靠市场机制这只"看不见的手"的作用，必须引入政府基于社会整体福利和公共利益对交易活动和流通运行实施有效规制，以弥补市场机制的不足和过去政府规制的"缺位"。流通领域内传统的规制手段包括价格规制、质量规制、准入规制、公平竞争规制、消费者权益保护等一系列相关制度安排与法律法规，主要是针对流通产业的信息不对称、不正当竞争、局部垄断以及由过度进入而导致的低效、无序竞争等现象，政府为了规范流通企业的市场行为、维护公平竞争的市场环境、提高消费者剩余和流通领域内的资源配置效率，依据相关法律法规，对流通产业及其市场主体所制定和实施的一系列相应规制。这些传统的规制手段无疑对促进流通产业的健康发展和国民经济增长起到了一定的积极作用，应继续积极运用和优化这些规制措施在商品流通环节最大化发挥市场机制与政府规制的合力作用。但与此同时，我国现行的流通规制体系还存在诸多不够规范及不尽合理之处，仍存在政府规制方法匮乏、规制主体不明确、中长期规制目标不可预期、规制有效性不足等问题，使得流通领域的政府规制难以达成既定的政策目标。这就要求在已有流通规制手段和规制体系的基础上，仍需统筹考虑政府规制的改革与改进，结合市场机制的作用，通过完善规制方法来提升流通产业政府规制的有效性，主要的改革方向包括以下三个方面。

（1）确立制度化的政府规制形成机制和实施主体。基于流通运行的客观规律性与流通部门所固有的社会经济功能，应在国民经济循环及社会再生产的全过程中把握和考虑对流通产业的有关规制内容，通过科学设计与有效实施政府规制手段补足市场失灵的部分，引导商品流通在社会主义市场经济中的顺利运转，进而协调整个社会再生产活动高效有序地往复开展。此外，政府作为流通产业规制的设计者和实施者，需要对承担规制职责的机构或组织加以明确和统一，防止出现政出多门、相互推诿等现象的出现。在广泛听取社会经济各相关利益主体意见的基础上，经过充分论证后，规制主体应在各社会利益方之间进行审慎权衡，以在保证科学性和可行性的同时实现不同的规制效果和政策目标。

（2）健全相关法律法规体系和建立配套政策体系。尽管我国的法律法规体系正在不断完善，但总体而言流通领域内法律框架的建立健全仍相对比较滞后，政府规制中的行政调节力量仍高于法律法规的约束作用。未来流通产业规制的改革方向应从行政手段主导逐步转向法律规范调节，推动流通产业立法、司法等法律法规体系的完善。与此同时，流通领域的产业规制应配套有相应的政策体系，以提升政府规制的整体性、系统性以及相应的综合调节能力。这就要求流通产业的政府规制不仅应确立明晰、长期稳定的总体政策目标，还应具备透明、可预期的各类子目标，并且各个政策目标应根据不同经济阶段的发展形势与要求相应地进行动态调整。

（3）积极拓展和科学运用经济杠杆以丰富政府规制"工具箱"。在市场经济条件下，除了必要的行政调节手段，各种经济杠杆也是流通领域政府规制手段中必不可少的有效"工具"之一。目前其作用与效果在流通领域体现得尚不明显，因而未来进一步拓展及科学运用这一规制工具对于流通产业政府规制手段的丰富具有积极意义。社会主义市场调控是市场机制运行和社会基本价值观念相结合的具象结果，其功能性目标往往体现在竞争有效、主体健全、市场稳定、结构改善和产业安全等方面（黄法莉，1994）。因此，作为市场中宏观调控所作用的重要一环，对流通环节的市场监管和规制通常与流通主体之间的市场竞争及其所带来的竞争结果相联系。经济杠杆作为一种利益调节机制，规制主体可以借助其在市场机制作用下间接引导和影响流通主体的经济运行及微观市场表现，从而实现某一预期的规制目的。本书考虑国有流通企业作为一种政府规制工具的可行性，以规制参数的形式嵌入社会流通运行，结合市场机制作用，将规制主体的意志和政策目标以市场信号传递的方式影响各个市场流通主体的经营决策，进而使市场均衡和流通产业发展朝着符合规制目标的方向运行。这是基于所有制情形考虑的政府规制手段之一，仍有许多经济杠杆的规制作用和规制效果有待开拓，总体而言，不应忽视经济性规制工具在推行流通产业政策中的重要作用。

7.3　不足与展望

本书在"企业—市场—政府"的统一框架中对多种流通所有制的效率、竞争和政府规制等相关问题进行了深入研究，基于所有制命题形成了流通产业规制设计与实施的一个理论框架，同时具备积极的理论意义与实践意义。但研究仍然存在一些局限性，未来可以针对这些局限性进一步探索。

第一，流通产业的范围界定存在一定的局限性。出于研究可掌控性和研究对象确切性的考虑，本书在狭义的流通内涵上对流通产业的范围进行了界定，将其限定在专门组织商流活动的批发业与零售业范围内。然而，现代流通体系的建设不仅应以商流为中心，还应考虑现代物流的基础作用，因而对运输、配送、仓储等相关的物流运输业的研究也同样重要，未来可以通过拓展流通产业的内涵及其界定来对相关问题进行进一步深入探讨。

第二，数据不足使得研究存在一定的局限性。行业层面的批发业和零售业数据以及相关指标较为充分，但微观数据层面的流通企业是在上市企业范围内选取的样本，较难获取大多数限额以上甚至大中型的流通企业样本，导致样本较为有限、微观数据在规模口径上存在局限性。未来随着统计上对流通产业微观数据收集重视程度的加深会使得相关样本和指标得以丰富，以及相应数据库的建立与完善，相信可以弥补微观样本口径窄和数据不足的缺憾。

第三，流通企业效率估计方法存在一定的局限性。在对不同所有制流通企业进行效率测算和评价时，本书选用的是三阶段 DEA-Malmquist 模型进行相应的非参数估计，这一方法具有无须对生产函数进行严格假定等优势，但同时由于涉及投入产出变量以及环境变量的选取，无法避免一定程度上的主观性。未来研究可以进一步利用参数法进行生产率测度，与非参数估计结果进行横向比较及相互印证。

第四，未考虑与多种流通所有制相关的数字化转型和线上线下竞争。当前流通企业的数字化转型和线上线下业态创新已成为现代流通体系建设中的重要议题之一，本书并未在不同所有制参与市场竞争的理论模型中考虑线上线下渠道的异质性，电子商务平台企业也未被纳入研究对象的范围，未来研究中将进一步对此问题进行深入思考。如何发挥公有制流通主体在市场中的积极作用始终是我们在实践中需要探索的重要议题，在此背景下，未来还将继续探讨国有流通企业在流通领域数字化基础设施建设以及创新示范效应方面所发挥的主导作用。

第五，本书并未考虑不同所有制流通主体基于产权的内部公司治理，未来可以从流通企业的内生制度和内部治理角度继续拓展对多种流通所有制效率、竞争以及政府规制的相关研究。

参 考 文 献

［1］奥斯特罗姆. 公共事务的治理之道——集体行为制度的演进［M］.
上海：上海译文出版社，2012.

［2］巴泽尔. 产权的经济分析［M］. 上海：上海人民出版社，1997.

［3］曹守亮. 20世纪五六十年代毛泽东对社会主义理论的探索［J］. 毛
泽东邓小平理论研究，2013（10）：19－24，90.

［4］陈福中，刘向东. 开放经济条件下外资进入对中国流通企业的影
响——基于批发和零售业企业省级面板数据的实证考察［J］. 财贸经济，
2013（3）：103－111.

［5］陈俊龙，王沐笛，高雅馨. 混合所有制、专利授权与国有股最优比
例——基于混合寡占模型的研究［J］. 科学学与科学技术管理，2018（6）：
34－48.

［6］陈丽芬，王水平. 我国公益性流通设施供给研究［J］. 中国流通经
济，2016，30（9）：20－28.

［7］陈丽蓉，黄明凤，孙昭愚. 资本市场开放促进企业履行社会责任
吗？——基于产品市场竞争与股权异质性的调节效应［J］. 云南财经大学学
报，2021，37（2）：54－68.

［8］陈赞晓. 试论流通资料所有制范畴［J］. 中国流通经济，1998
（4）：23－25.

［9］程红，吴利军. 彻底改制才是国有小型流通企业的改革出路——兼

谈对"国有民营"的实践肯定和理论否定［J］. 财贸经济, 1996（6）:
11-14.

［10］程艳. 中国流通产业进入管制的理论评判和现实反思［J］. 国际贸易问题, 2006（7）: 37-41.

［11］代谦, 别朝霞. FDI、人力资本积累与经济增长［J］. 经济研究,
2006（4）: 15-27.

［12］丁任重, 杨惠玲. 马克思的产权理论及其现实意义［J］. 宏观经济研究, 2004（4）: 45-47.

［13］董誉文. 中国商贸流通业增长方式转换及效率评价——来自
1993—2014 年省际面板数据的实证研究［J］. 中国流通经济, 2016, 30
（10）: 12-23.

［14］杜丹清. 对外开放与商贸流通产业政府管制方式变革［M］. 杭州: 浙江大学出版社, 2006.

［15］杜丹清. 论对外开放条件下我国商贸流通领域的政府规制［J］.
商业经济文荟, 2003（6）: 2-4.

［16］范玉仙, 袁晓玲. R-SCP 框架下政府规制改革对中国电力行业技术效率的影响［J］. 大连理工大学学报（社会科学版）, 2016, 37（3）: 27-
33.

［17］方福前. 公共选择理论: 政治的经济学［M］. 北京: 中国人民大学出版社, 2000.

［18］方茜. 中国所有制理论演进与实践创新［J］. 社会科学战线,
2020（9）: 56-65.

［19］冯锋, 张燕南. 企业社会责任与公司绩效关系再讨论——基于上市公司企业社会责任评级数据的实证分析［J］. 吉林大学社会科学学报,
2020, 60（6）: 154-166+235.

［20］高铁生. 更好地发挥政府在流通领域中的作用［J］. 中国流通经济, 2014（12）: 4-7.

［21］高铁生. 充分发挥流通产业的先导作用［J］. 中国流通经济,
2011, 25（11）: 21-23.

［22］龚六堂，谢丹阳．我国省份之间的要素流动和边际生产率的差异分析［J］．经济研究，2004（1）：45－53.

［23］龚晓菊．商业所有制结构的变迁与发展——北京市商业所有制探析［J］．北京工商大学学报：社会科学版，2008（2）：16－22.

［24］郝云宏，汪茜．混合所有制企业股权制衡机制研究——基于"鄂武商控制权之争"的案例解析［J］．中国工业经济，2015（3）：148－160.

［25］何大安．流通产业组织结构优化中的自然垄断趋势［J］．经济学家，2007，4（4）：46－52.

［26］何大安．流通产业组织理论的构建思路及框架设计［J］．财贸经济，2014（2）：103－113.

［27］何大安．市场治理结构与产业运行格局——对中国流通产业竞争和垄断现状的理论考察［J］．中国工业经济，2012（7）：44－56.

［28］何敦煌．论经济外部性、物质利益关系和生态环境破坏［J］．社会科学战线，2001（4）：19－24.

［29］贺东伟．"所有制和产权理论"学术研讨会暨吴宣恭教授从教60年庆典综述［J］．经济学动态，2011（2）：156－157.

［30］洪涛．重视和加快我国流通产业结构调整和创新［J］．商业时代，2001（11）：37－40.

［31］黄法莉．试论建立统一完善的市场系统［J］．经济理论与经济管理，1994（1）：50－52.

［32］黄国雄．建立中国特色的现代流通体系［N］．经济日报，2012－11－05.

［33］黄国雄．论流通产业是基础产业［J］．财贸经济，2005（4）：61－65，97.

［34］黄漫宇．FDI对中国流通产业安全的影响及对策分析［J］．宏观经济研究，2011，（6）：19－22，89.

［35］黄速建，肖红军，王欣．论国有企业高质量发展［J］．中国工业经济，2018，367（10）：21－43.

［36］黄雨婷．我国流通业外资进入的就业效应研究［J］．财经研究，

2017, 43 (3): 121 – 132, 145.

[37] 纪宝成, 李陈华. 对中国流通产业安全的几点认识 [J]. 经济理论与经济管理, 2012 (1): 5 – 9.

[38] 纪宝成, 李陈华. 我国流通产业安全: 现实背景、概念辨析与政策思路 [J]. 财贸经济, 2012 (9): 5 – 13.

[39] 纪宝成, 谢莉娟, 王晓东. 马克思商品流通理论若干基本问题的再认识 [J]. 中国人民大学学报, 2017, 31 (6): 60 – 70.

[40] 纪宝成. 关于深化供销社综合改革的几点理论认识 [J]. 商学研究, 2017, 24 (6): 33 – 38.

[41] 纪宝成. 国有经济制度创新的几个理论与实践问题研究 [J]. 中国人民大学学报, 2004 (5): 25 – 33.

[42] 纪宝成. 流通领域必须坚持多种经济成分的长期并存 [J]. 财贸研究, 1992 (4): 1 – 9.

[43] 纪宝成. 商品流通论——体制与运行 [M]. 北京: 中国人民大学出版社, 1993.

[44] 纪宝成. 商业经济学教程 [M]. 北京: 中国人民大学出版社, 2016.

[45] 纪宝成. 社会主义市场经济制度论 [M]. 北京: 中国人民大学出版社, 2014.

[46] 贾履让, 药建英. 坚持以国营商业为主导的流通所有制结构——兼评流通领域私有化的观点 [J]. 财贸经济, 1992 (3): 16 – 19.

[47] 江苏省经济和信息化委员会, 江苏省工商业联合会. 2011 年江苏商务领域民营经济发展情况分析报告 [A]. 2011 江苏省民营经济发展报告 [C]. 中华全国工商业联合会研究室, 2012: 3.

[48] 金剑. 生产率增长测算方法的系统研究 [D]. 大连: 东北财经大学, 2007.

[49] 荆林波, 袁平红. 改革开放四十年中国流通领域发展回顾与展望 [J]. 求索, 2018, 310 (6): 68 – 75.

[50] 凯恩斯. 就业, 利息和货币通论 [M]. 北京: 商务印书馆, 1983.

［51］黎文靖. 所有权类型、政治寻租与公司社会责任报告：一个分析性框架［J］. 会计研究, 2012（1）：81 – 88, 97.

［52］李晓慧. 流通业对制造业效率的影响及其渠道研究［J］. 商业经济与管理, 2014（8）：5 – 12.

［53］李杨超. 我国商品流通效率区域性差异的实证分析——基于随机前沿方法［J］. 商业经济研究, 2015（16）：4 – 7.

［54］李颖灏, 彭星闾. 我国零售业市场集中度的现状及对策［J］. 财贸经济, 2006（5）：50 – 54.

［55］李泽中. 社会主义所有制关系及其发展规律性研究［M］. 北京：人民出版社, 1986.

［56］李智. 论流通产业技术装备化内生趋向［J］. 财贸经济, 2012（6）：97 – 104.

［57］李子文, 刘向东. 中国零售业全要素生产率演进及分解［J］. 商业研究, 2017（7）：135 – 147.

［58］列宁. 列宁全集（第 36 卷）［M］. 北京：人民出版社, 1985.

［59］林岗. 社会主义所有制研究［M］. 北京：求实出版社, 1987.

［60］林键, 李敏, 黄嫚丽. 广州中外零售企业动态整合与绩效的关系研究［J］. 科技管理研究, 2012, 32（23）：224 – 227.

［61］刘纯志, 张悟益. 所有制结构的基本内涵及其调整思路［J］. 中南财经大学学报, 1998（4）：40 – 43.

［62］刘广生, 吴启亮. 基于 ESCP 范式的中国电信业基础运营市场分析［J］. 中国软科学, 2011（4）：33 – 43 + 32.

［63］刘似臣, 白文昭. 在华外资零售业盈利状况分析——基于两次经济普查数据的对比［J］. 调研世界, 2012（4）：22 – 25.

［64］刘向东, 王庚, 李子文. 国内零售业盈利模式研究——基于需求不确定性下的零供博弈分析［J］. 财贸经济, 2015, 36（9）：108 – 117.

［65］刘小玄. 中国工业企业的所有制结构对效率差异的影响——1995 年全国工业企业普查数据的实证分析［J］. 经济研究, 2000（2）：17 – 25, 78 – 79.

［66］刘兴凯，张诚．中国服务业全要素生产率增长及其收敛分析［J］．数量经济技术经济研究，2010（3）：55-67.

［67］刘续棵．中国制造业全要素生产率的再估计：2000—2008［J］．劳动经济研究，2014，2（2）：112-133.

［68］刘元春．国有企业宏观效率论——理论及其验证［J］．中国社会科学，2001（5）：69-81.

［69］陆国泰，王奇华．对我国商业所有制结构问题的探讨——兼同高涤陈同志商榷［J］．北京商学院学报，1981（2）：27-31+16.

［70］马克思，恩格斯．马克思恩格斯全集（第31卷）［M］．北京：人民出版社，1998.

［71］马克思，恩格斯．马克思恩格斯全集（第46卷）［M］．北京：人民出版社，1998.

［72］马克思，恩格斯．马克思恩格斯文集（第6卷）［M］．北京：人民出版社，2009.

［73］马克思，恩格斯．马克思恩格斯文集（第7卷）［M］．北京：人民出版社，2009.

［74］马克思，恩格斯．马克思恩格斯文集（第8卷）［M］．北京：人民出版社，2009.

［75］马克思，恩格斯．马克思恩格斯选集（第2卷）［M］．北京：人民出版社，1995.

［76］马克思，恩格斯．马克思恩格斯选集（第3卷）［M］．北京：人民出版社，1995.

［77］马克思．政治经济学批判序言［M］．北京：人民出版社，1971.

［78］马克思．资本论（第2卷）［M］．北京：人民出版社，2004.

［79］马龙龙，陶婷婷．流通公益性研究综述［J］．中国流通经济，2016，30（10）：5-11.

［80］马龙龙．中国流通理论研究与学科建设［J］．商业经济与管理，2009（4）：5-10.

［81］马彦丽．流通产业的发展与政府合理规制［J］．财贸经济，2002

（12）：74 – 76.

［82］毛伟．流通产业的垄断现象及其类型——与何大安教授商榷［J］．学术月刊，2009（11）：5 – 10.

［83］冒天启．对按所有制形式划定流通渠道的质疑［J］．财贸经济，1981（6）：26 – 30.

［84］欧瑞秋，李捷瑜，李广众，等．部分民营化与国有企业定位［J］．世界经济，2014（5）：112 – 134.

［85］潘石．生产资料所有制新探二题［J］．社会科学战线，1987（4）：36 – 39.

［86］平新乔，范瑛，郝朝艳．中国国有企业代理成本的实证分析［J］．经济研究，2003（11）：42 – 53 + 92.

［87］平新乔．论国有经济比重的内生决定［J］．经济研究，2000（7）：16 – 23 + 80.

［88］戚聿东，张任之．国有企业与民营企业竞争状况比较及其改革建议［J］．中国价格监管与反垄断，2018（3）：18 – 21.

［89］齐严，司亚静，吴利红．数字技术革命背景下零售业商业模式创新研究［J］．管理世界，2017（12）：182 – 183.

［90］秋石．论正确处理政府和市场关系［J］．求是，2018（2）：12 – 15.

［91］任保平．马克思经济学与西方经济学商贸流通理论的比较［J］．经济纵横，2011（2）：1 – 5.

［92］申坤．基于博弈论的流通产业安全问题探讨［J］．中国流通经济，2015，29（1）：11 – 16.

［93］沈坤荣，孙文杰．市场竞争、技术溢出与内资企业 R&D 效率——基于行业层面的实证研究［J］．管理世界，2009（1）：38 – 48 + 187 – 188.

［94］沈卫平．中国民营流通企业的崛起——解读"苏宁现象"［J］．山东社会科学，2006（11）：123 – 125.

［95］石明明，张小军，阙光辉．多种所有制经济竞争、策略外部性与政府规制机制［J］．经济研究，2015（7）：72 – 86.

[96] 石明明. 外资零售企业进入、混合竞争与中国培育大型流通企业政策——基于混合寡占博弈模型的流通政策分析 [J]. 商业经济与管理, 2012 (4): 11 - 18.

[97] 宋则, 王水平. 流通领域公共产品的界定及供给方式 [J]. 中国流通经济, 2012, 26 (12): 24 - 29.

[98] 宋则. 发挥现代流通服务业在产业链中的带动与反哺作用（上）[J]. 商业时代, 2006 (17): 12 - 13.

[99] 宋则. 推进国内贸易流通体制改革 建设法治化营商环境 [J]. 中国流通经济, 2014, 28 (1): 15 - 23.

[100] 苏民, 黄晓芳. 零售业圈地大战悄然升级 [N]. 经济日报, 2002 - 06 - 13.

[101] 孙敬水, 章迪平. 中国流通业所有制结构变迁绩效实证分析 [J]. 经济学家, 2010 (2): 100 - 102.

[102] 孙群燕, 李杰, 张安民. 寡头竞争情形下的国企改革——论国有股份比重的最优选择 [J]. 经济研究, 2004 (1): 64 - 73.

[103] 孙冶方. 论作为政治经济学对象的生产关系 [J]. 经济研究, 1979 (8): 4 - 14.

[104] 泰勒尔. 产业组织理论 [M]. 北京: 中国人民大学出版社, 1997.

[105] 汤吉军, 刘仲仪. 混合所有制、控制权博弈与政府管制 [J]. 经济与管理研究, 2016, 37 (12): 82 - 89.

[106] 托马斯·孟. 英国得自对外贸易的财富 [M]. 北京: 商务印书馆, 1965.

[107] 万斌. 中国经济发展和体制改革报告: 改革开放 30 年 (1978 ~ 2008) [M]. 北京: 社会科学文献出版社, 2008: 490.

[108] 王冰, 黄岱. "市场结构—市场行为—市场绩效" 范式框架下的政府管制理论及其对我国的借鉴作用 [J]. 山东社会科学, 2005 (3): 56 - 60.

[109] 王恕立, 胡宗彪. 中国服务业分行业生产率变迁及异质性考察

［J］．经济研究，2012（4）：16 - 28.

［110］王小鲁．中国经济增长的可持续性与制度变革［J］．经济研究，2000（7）：3 - 15 + 79.

［111］王晓东，陈梁，武子歆．流通业效率对制造业绩效的影响——兼论供给侧结构性改革中的流通先导性［J］．经济理论与经济管理，2020（4）：82 - 99.

［112］王晓东，丛颖睿．零售业国有资本效率研究——基于所有制改革视角的分析［J］．中国流通经济，2016，30（4）：86 - 93.

［113］王晓东，王诗桪．中国商品流通效率及其影响因素测度——基于非线性流程的 DEA 模型改进［J］．财贸经济，2016（5）：119 - 130 + 159.

［114］王晓东，武子歆，王诗桪．国有体制、民营机制、先进企业家意识与流通企业效率实现：超市发的案例研究［J］．商业经济与管理，2020（12）：5 - 14.

［115］王晓东，谢莉娟．商品流通视角的国有企业效率问题再思考［J］．商学研究，2018，25（1）：5 - 9.

［116］王晓东，谢莉娟．统筹推进现代流通体系建设的政策思考［J］．财经智库，2020（6）：15 - 27.

［117］王子军．关于所有制、产权和国有企业改革等问题讨论综述［J］．经济纵横，1995（5）：55 - 58.

［118］翁华建．有效的竞争形式与市场机制的有效运行［J］．学术月刊，1999（10）：10 - 18.

［119］吴昊旻，杨兴全，魏卉．产品市场竞争与公司股票特质性风险——基于我国上市公司的经验证据［J］．经济研究，2012，47（6）：101 - 115.

［120］吴延兵．国有企业双重效率损失研究［J］．经济研究，2012（3）：15 - 27.

［121］夏春玉，汪旭晖．中国零售业 30 年的变迁与成长——基于拓展 SCP 范式的分析［J］．市场营销导刊，2008（6）：11 - 22.

［122］谢莉娟，王诗桪．国有企业应该转向轻资产运营吗——工业和流

通业的比较实证分析 [J]. 财贸经济, 2018, 39 (2): 118 - 135.

[123] 谢莉娟, 王诗桦. 国有资本应该退出竞争性领域吗——基于行业比较与批发业效率机制的分析 [J]. 财贸经济, 2016 (2): 127 - 144.

[124] 谢莉娟, 王晓东, 张昊. 产业链视角下的国有企业效率实现机制——基于消费品行业的多案例诠释 [J]. 管理世界, 2016 (4): 150 - 167.

[125] 谢莉娟, 王晓东. 宏观职能与微观效率: 对国有批发企业生存依据的多案例诠释 [J]. 管理学报, 2016, 13 (8): 1150 - 1163.

[126] 谢莉娟. 互联网时代的流通组织重构——供应链逆向整合视角 [J]. 中国工业经济, 2015 (4): 44 - 56.

[127] 谢莉娟. 流通商主导供应链模式及其实现——相似流通渠道比较转化视角 [J]. 经济理论与经济管理, 2013 (7): 103 - 112.

[128] 徐柏园. 公益性: 农产品批发市场性质的正本清源 [J]. 中国流通经济, 2011, 25 (5): 92 - 97.

[129] 徐从才. 流通经济学: 过程、组织、政策 [M]. 北京: 中国人民大学出版社, 2012.

[130] 徐丹丹, 董莹, 孔晓旭, 王帅. 国有企业分类改革的操作性困境能破解吗?——基于功能变动视角的衡量分析 [J]. 经济社会体制比较, 2018 (4): 9 - 15.

[131] 徐璐, 叶光亮. 竞争政策与跨国最优技术授权策略 [J]. 经济研究, 2018, 53 (2): 95 - 108.

[132] 徐伟. 国有控股公司控股方行为及其治理绩效实证研究 [M]. 北京: 经济科学出版社, 2016.

[133] 许涤新. 政治经济学辞典 (上) [M]. 北京: 人民出版社, 1980.

[134] 亚当·斯密. 国民财富的性质和原因的研究 [M]. 北京: 商务印书馆, 1972.

[135] 晏维龙. 马克思主义流通理论当代视界与发展 [M]. 北京: 中国人民大学出版社, 2009.

［136］杨春学，杨新铭．所有制适度结构：理论分析、推断与经验事实
［J］．中国社会科学，2020（4）：46－65＋205.

［137］杨永忠，吴昊．电视传媒产业分析的 SCPR 框架：对产品黑箱的
初步打开与新有效竞争理论的提出［J］．四川大学学报（哲学社会科学版），
2013（1）：103－112.

［138］杨勇．中国服务业全要素生产率再测算［J］．世界经济，2008
（10）：46－55.

［139］姚鸿飞，周晓丰．试论国有商业企业产权制度改革［A］．"银座
杯"征文及"现代产权制度改革"研讨会论文集［C］．中国商业经济学会，
2004：4.

［140］姚洋．非国有经济成分对我国工业企业技术效率的影响［J］．经
济研究，1998（12）：29－35.

［141］叶光亮，邓国营．最优关税和部分私有化战略——产品差异的混
合寡头模型［J］．经济学（季刊），2010，9（2）：597－608.

［142］依绍华，廖斌．流通产业公益属性的理论探讨［J］．价格理论与
实践，2014（8）：43－45.

［143］依绍华，郑斌斌．中国流通业发展阶段特征与未来趋势［J］．首
都经济贸易大学学报，2020，22（4）：48－61.

［144］依绍华．流通产业公共支撑体系构成及政府介入方式［J］．中国
流通经济，2014，28（3）：17－22.

［145］于光远．谈谈社会主义公有制和按劳分配问题［M］．北京：人
民出版社，1978.

［146］于左．激发经济发展活力应完善政府规制［N］．人民日报，
2013－06－06.

［147］袁江天，张维．多任务委托代理模型下国企经理激励问题研究
［J］．管理科学学报，2006（3）：45－53.

［148］张海洋．R&D 两面性、外资活动与中国工业生产率增长［J］．经
济研究，2005（5）：107－117.

［149］张弘．流通企业国有资本退出路径的选择［A］．银座杯"征文及

"现代产权制度改革"研讨会论文集［C］. 中国商业经济学会, 2004: 7.

［150］张军, 吴桂英, 张吉鹏. 中国省际物质资本存量估算: 1952—2000［J］. 经济研究, 2004 (10): 35 – 44.

［151］张鹏. 基于拓展 SCP 框架下的物流产业成长与对策研究［J］. 物流技术, 2007 (1): 1 – 5 + 13.

［152］张群群. 论交易组织及其生成和演变［M］. 北京: 中国人民大学出版社, 1999.

［153］章迪平. 流通业所有制结构演进及绩效统计研究——以浙江省为例［M］. 杭州: 浙江大学出版社, 2017.

［154］赵存丽. 企业社会责任对财务绩效的影响研究［D］. 大连: 东北财经大学, 2014.

［155］植草益, 朱绍文 (译). 微观规制经济学［M］. 北京: 中国发展出版社, 1992.

［156］周珺. 政府规制与流通企业多种所有制竞争均衡［J］. 商业经济与管理, 2019 (12): 17 – 29.

［157］朱光磊, 孙涛. "规制——服务型"地方政府: 定位、内涵与建设［J］. 中国人民大学学报, 2005 (1): 103 – 111.

［158］朱江. 论收敛于马歇尔缓冲区的有效竞争——中外电信改革理论与实证研究［J］. 财经研究, 2003 (9): 56 – 61.

［159］朱涛. 政府规制行为异化的理论分析——以中国零售业为例［J］. 商业经济与管理, 2005 (10): 19 – 23.

［160］邹时荣. 流通市场秩序失灵与政府贸易规制创新［J］. 商业经济与管理, 2006 (2): 10 – 14.

［161］Abramovitz M. Resource and Output Trends in the United States Since 1870［J］. American Economic Review, 1956, 46 (2): 5 – 23.

［162］Aitken B J, Harrison A E. Do Domestic Firms Benefit from Direct Foreign Investment? Evidence from Venezuela［J］. American Economic Review, 1999, 89 (3): 605 – 618.

［163］Andersen P, Petersen N C. A Procedure for Ranking Units in Data

Envelopment Analysis [J]. Management Science, 1993, 39 (10): 1261 – 1264.

[164] Bain. Industrial Organizations [M]. New York: John Wiley & Sons, 1968.

[165] Barro R J, Lee J W. A New Data Set of Educational Attainment in the World [J]. Journal of Development Economics, 2012: 1950 – 2010.

[166] Barry F, Görg H, Eric S. Foreign Direct Investment and Wages in Domestic Firms in Ireland: Productivity Spillovers versus Labour-Market Crowding Out [J]. International Journal of the Economics of Business, 2005, 12 (1): 67 – 84.

[167] Berger A N, Hannan T H. The Efficiency Cost of Market Power in the Banking Industry: A Test of the "Quiet Life" and Related Hypotheses [J]. Review of Economics and Statistics, 1998, 80 (3): 454 – 465.

[168] Brooks S. Who's in Charge? The Mixed Ownership Corporation in Canada [J]. Journal of South Asian Development, 1987, 1 (2): 179 – 205.

[169] Buchanan J M, Tollison R D. Theory of Public Choice [M]. Ann Arbor: University of Michigan Press, 1972.

[170] Charnes A, Cooper W, Rhodes E. Measuring the Efficiency of Decision Making Units [J]. European Journal of Operational Research, 1978 (2): 429 – 444.

[171] Clark J M. Toward a Concept of Workable Competition [J]. The American Economic Review, 1940, 30 (2): 241 – 256.

[172] Coase R H. The Nature of the Firm [J]. Economica, 1937, 4 (16): 386 – 405.

[173] Cooper D J, Sherer M J. The Value of Corporate Accounting Reports: Arguments for a Political Economy of Accounting [J]. Accounting, Organizations and Society, 1984, 9 (3 – 4): 207 – 232.

[174] Cremer H, Marchand M, Thisse J F. The Public Firm as an Instrument for Regulating an Oligopolistic Market [J]. Oxford Economic Papers, New

Series, 1989, 41 (2): 283 – 301.

[175] Fjell K, Pal D. A Mixed Oligopoly in The Presence of Foreign Private Firms [J]. Canadian Journal of Economics, 1996, 29 (3): 737 – 743.

[176] Fox J T, Smeets V. Does Input Quality Drive Measured Differences in Firm Productivity? [J]. International Economic Review, 2011, 52 (4): 961 – 989.

[177] Fraja G D, Delbono F. Alternative Strategies of a Public Enterprise in Oligopoly [J]. Oxford Economic Papers, 1989, 41 (2): 302 – 311.

[178] Fried H O, Lovell C A K, Schmidt S S, et al. Accounting for Environmental Effects and Statistical Noise in Data Envelopment Analysis [J]. Journal of Productivity Analysis, 2002, 17 (1 – 2): 157 – 174.

[179] Fried H O, Schmidt S S, Yaisawarng S. Incorporating the Operating Environment into a Nonparametric Measure of Technical Efficiency [J]. 1999, 12 (3): 249 – 267.

[180] Golany B, Roll Y. An application procedure for DEA [J]. Omega, 1989, 17 (3): 237 – 250.

[181] Goldeng E, Grunfeld L A, Benito G R G. The Performance Differential between Private and State – Owned Enterprises: The Roles of Ownership, Management and Market Structure [J]. Journal of Management Studies, 2010, 45 (7): 1244 – 1273.

[182] Hamada A K. Alternative Strategies of a Public Enterprise in Oligopoly Revisited: An Extension to Stackelberg Competition [J]. Bulletin of Economic Research, 2016, 68 (S1): 85 – 96.

[183] Han S, Heywood J S, Ye G. Informative Advertising in a Mixed Oligopoly [J]. Review of Industrial Organization, 2017, 51 (1): 103 – 125.

[184] Harberger A C. Perspectives on Capital and Technology in Less Developed Countries [A]. Contemporary Economic Analysis [C]. London: Croom Helm, 1978: 15 – 40.

[185] Heywood J S, Hu X, Ye G. Optimal Partial Privatization with Asym-

metric Demand Information [J]. Journal of Institutional & Theoretical Economics, 2017, 173 (2): 347 – 375.

[186] Hicks J. The Theory of Monopoly [J]. Econometrica, 1935, 3 (1): 1 – 30.

[187] Hjalmarsson L, Veiderpass A. Efficiency and Ownership in Swedish Electricity Retail Distribution [J]. Journal of Productivity Analysis, 1992, 3 (1): 7 – 23.

[188] Hollander S C. Retailers as Creatures and Creators of The Social Order [J]. International Journal of Retail & Distribution Management, 2002, 30 (11): 514 – 517.

[189] Hull C E, Rothenberg S. Firm Performance: The Interactions of Corporate Social Performance with Innovation and Industry Differentiation [J]. Strategic Management Journal, 2008, 29 (7): 781 – 789.

[190] Ino H, Matsumura T. What Role Should Public Enterprises Play in Free-Entry Markets? [J]. Journal of Economics, 2010, 101 (3): 213 – 230.

[191] Kahn A. The Economics of Regulation [M]. New York: Wiley, 1970.

[192] Koizumi T, Kopecky K J. Foreign Direct Investment, Technology Transfer and Domestic Employment Effects [J]. Journal of International Economics, 1980, 10 (1): 1 – 20.

[193] Konings J. The Effects of Foreign Direct Investment on Domestic Firms: Evidence from Firm Level Panel Data in Emerging Economies [J]. Economics of Transition, 2001, 9 (3): 619 – 633.

[194] Leibenstein H. Allocative Efficiency Versus X-efficiency [J]. American Economic Review, 1966, 56 (3): 392 – 415.

[195] Maddison A. Chinese Economic Performance in the Long Run [M]. Paris: OECD Development Centre, 1998.

[196] Mahadevan R. Sources of output growth in Singapore's services sector [J]. Empirical Economics, 2000, 25 (3): 495 – 506.

［197］ Mason E S. Economic Concentration and the Monopoly Problem ［M］. Cambridge：Harvard University Press，1957.

［198］ Matsumura T, Matsushima N. Endogenous Cost Differentials Between Public and Private Enterprises：A Mixed Duopoly Approach ［J］. Economica，2004，71（284）：671 −688.

［199］ Matsumura T. Partial privatization in mixedduopoly ［J］. Journal of Public Economics，1998，70（3）：473 −483.

［200］ Maudos J, Guevara J F D. The cost of market power in banking：social welfare loss vs. inefficiency cost ［J］. Journal of Banking & Finance，2007，31（7）：2103 −2125.

［201］ Merrill W C, N Schneider. Government Firms in Oligopoly Industries：A Short-Run Analysis ［J］. Quarterly Journal of Economics，1966，80（3）：400 −412.

［202］ Orlitzky M, Schmidt F L, Rynes S L. Corporate Social and Financial Performance：A Meta-analysis ［J］. Organization Studies，2003，24（3）：403 −441.

［203］ Ronald F. Relative Backwardness, Direct Foreign Investment, and the Transfer of Technology：A Simple Dynamic Model ［J］. Quarterly Journal of Economics，1978，92（1）：1 −16.

［204］ Scherer F M, Ross D. Industrial Market Structure and Economic Performance ［M］. Social Science Electronic Publishing，1990.

［205］ Shapiro C, Willig R. Economic Rationales for the Scope of Privatization ［J］. In The Political Economy of Private Sector Reform and Privatization ［M］. San Francisco：Westview，1999：393 −400.

［206］ Shi M, Zhou J, Jiang Z. Consumer Heterogeneity and Online vs. Offline Retail Spatial Competition ［J］. Frontiers of Business Research in China，2019，13（1）：10.

［207］ Solís, Liliana, Maudos, Joaquín. The social costs of bank market power：Evidence from Mexico ［J］. Journal of Comparative Economics，2008，36

（3）：467 – 488.

［208］ Solow R M. Technical Change and the Aggregate Production Function [J]. Review of Economics & Statistics, 1957, 39（3）：554 – 562.

［209］ Sosnick S H. A Critique Workable Competition [J]. Quarterly Journal Economics, 1958（72）：380 – 423.

［210］ Stigler G J. The Theory of Economic Regulation [J]. The Bell Journal of Economics and Management Science, 1971, 2（1）：3 – 21.

［211］ Stiglitz J E. Whither Socialism? [M]. Cambridge：MIT Press, 1994.

［212］ Vernon R A. International Investment and International Trade in the Product Cycle [J]. The International Executive, 1966, 8（4）：16 – 16.

［213］ Williams A M, Siegel D. Corporate Social Responsibility and Financial Performance：Correlation or Misspecification? [J]. The Academy of Management Review, 2001, 26：603 – 609.

［214］ Wu Y. China's Capital Stock Series by Region and Sector [J]. Frontiers of Economics in China, 2009（1）：1 – 31.

［215］ Ye G, Zhao J. Environmental Regulation in a Mixed Economy [J]. Environmental and Resource Economics, 65（1）：1 – 23.

［216］ Zheng J, Bigsten A, Hu A. Can China's Growth be Sustained? A Productivity Perspective [J]. World Development, 2009, 37（4）：874 – 888.